JN047005

教育研究家
七田 厚
Ko Shichida

いつも結果を出す人がやっている

「潜在意識」活用大全

発行・日刊現代
発売・講談社

はじめに

　人間は不思議な生き物で、目標が高いほど、その通過点にある目標をクリアできます。

　私の息子たちは小学生の頃、地域のドッジボールクラブに所属していました。小学生ながらさまざまな大会に出場しては、実力を磨いていきます。島根県大会で優勝した１チームだけが全国大会に出場できる中、息子たちのチームは「県大会優勝」ではなく「全国大会制覇」を目標としていました。

　島根県内には20くらいのドッジボールチームがあったため、県大会で優勝して全国大会に出場するだけでも、大変な実力が必要とされます。それでも「全国大会制覇」という高い目標を掲げている息子たちにとって、県大会は「優勝以外ありえない」という認識。緊張しすぎることもなく、「勝って当たり前」という気持ちで臨んでいることが伝わってきました。

「県大会優勝」や「県大会ベスト３入り」を目標にしていたら、きっと県大会の初戦から力んでいたでしょうし、全国大会には出場できなかったかもしれません。

　これには潜在意識の力が関係しています。

　潜在意識とは、言い換えれば「無意識」のこと。自分でも気がついていないのですが、目標を達成したり、あなた自身を動かしたりするために自動的に動いている、表に出てこない意識のことです。「できる」「達成できる」と思えば、潜在意識の力があなた

を達成へと導いてくれる一方、「できない」「無理だ」と思えば、全く逆の結果になってしまいます。

　本書を通じて、私はみなさんに「潜在意識を効果的に使えば、人生はすべてうまくいく」というメッセージをお伝えしたいと思います。
　脳の使い方に意識を向け、潜在意識を使いこなせるようになれば、人生は変わります。あなたの能力は向上し、さまざまな願いや夢が叶うでしょう。本書では、潜在意識を使いこなすためのワークやトレーニングをたくさん紹介しています。

　といっても「まさか」「なんだか怪しいな」と感じる人もいるかもしれません。潜在意識を使った能力開花を仕事にしている私でさえ、過去には同じように感じていましたから、その気持ちはよくわかります。
　もともと、私の父である七田式創始者の七田眞がこの仕事をしていたのですが、私は「本当なの？」と潜在意識の力を信用しきれずにいたのです。

　そんな私の認識が変わったのは、20歳のとき。父の誘いで、1日10万円以上の参加費がかかる潜在能力開発セミナーに参加しました。そこで講師から、分厚い電話帳を手で真っ二つに裂くように言われたのですが、筋肉自慢でもないのにできるわけがありません。一応チャレンジはしましたが、当然のようにビクともしませんでした。
　ですが、そこで講師がある一言を放つと、状況は一変しました。

「みなさん、できませんか？　先日のセミナーでは、70代の女性が成功しましたよ。さあ、もう一度やってみてください」

　そう言われて「シニアの女性にできたのなら、20歳の男性にできないはずがない」と思った途端、電話帳に亀裂が入り、あっさりと成功したのです。

　私はこの衝撃的な経験を経て、「潜在意識の力を軽んじてはいけないのだ」と考えるようになりました。そしてその後、この仕事に就いてからは、数えきれないほどの奇跡を目の当たりにしてきました。講師の一言が私の人生を変えたように、みなさんの人生をより明るいものに変えたいと思い、本書を執筆しました。

自分に正直な人生を生きればよかった――。

　これは、死ぬ前に多くの人が漏らすとされる後悔です。つまり多くの人は、この世を去る前になって「もっと挑戦すればよかった」と悔やむことになるのです（参考：『死ぬ瞬間の5つの後悔』ブロニー・ウェア著、新潮社）。

　自分には無理だと思っても、とりあえずやってみる。自分の可能性にかけてチャレンジする。私がこのことの大切さを知ったのは、社会人になって10年が経ったころでした。

　私は創始者である父の後を継いで、幼児教育で世界17カ国、65年の実績がある株式会社しちだ・教育研究所の2代目を務めています。父は大風呂敷を広げるタイプで、掲げる目標は驚くほど壮大なものばかり。当時は「もう少し現実的な目標にしておけばいいのに」などと思ったものでした。

　ところが、10年後にふと気づくと、その目標はいつの間にか

達成されていました。「なぜだろう？」と考えてみたところ、「大きすぎるほど大きい目標を掲げていたからだ」という結論にたどり着いたのです。

　よく「人との出会いは、足し算ではなくかけ算だ」と言われますよね。出会う人が1人、2人、3人と増えていくと、実現できる未来は100倍にも1000倍にもなるのです。ですから、あなたやあなたの仕事にとってすごく大きな役割を果たす人と出会うことができれば、仕事の成果が急激に右肩上がりになることだってあり得ます。

　そういう意味でも、やってみることもなく「絶対に無理だ」と決めつけるのではなく、未来の自分に期待して環境を変え、大きな目標に挑戦してほしいのです。

　現在の実力や立ち位置から想像できる未来ではなく、どうすれば達成できるかさえわからないような夢に向かって努力すれば、潜在意識が驚くような結果に導いてくれます。

　本書は、七田式教育の創始者である父、七田眞の数々の著作をもとにしながら、令和の時代を生きるみなさんのお役に立つ本をつくりたいという思いを込めて制作しました。読者のみなさんの潜在意識を開花させる一助となれば幸いです。

目次

第1章
「右脳」が仕事のパフォーマンスに直結する理由 —————— 009

第2章
人生が思い通りになるイメージトレーニング —————————— 025

第1章

「右脳」が仕事の
パフォーマンスに
直結する理由

01 人間は本来の能力の 3%しか使っていない

　交流電気の発明者、ニコラ・テスラを知っていますか?
　テスラは幼少期からイメージを見る能力が高く、考えごとをすると目の前に光が現れ、続いてイメージが現れたといいます。何かを発明しようとすると、スケッチや実験をしなくても完成品をありありと思い描けたそうです。

　こう聴くと「超能力だ」「テスラだけの特別な能力だろう」と思うかもしれません。

　ですが、実はこのような<u>イメージを見る能力は右脳の基本能力であり、すべての人に組み込まれています。</u>
　<u>年齢を重ねるにつれ、「左脳優位」に切り替わるため、その力を発揮できていないだけなのです。</u>

　実は人間は、本来持っている能力のうちわずか3%しか使っていません。<u>右脳と左脳を持っているのに、きちんと使えているのは左脳の一部だけだからです。</u>

　それなのに多くの人は「自分の能力はこんなものだ」と思い込んでおり、「自分にはまだまだ秘められた能力がある」「正しい脳の使い方を知れば天才的な能力を発揮できて、仕事も人間関係も勉強も体調管理もうまくいく」とは思ってもみません。

右脳に秘められたイメージ力は、左脳の意識の何十倍もの働き
をしてくれます。
　<u>右脳のイメージ力を使いこなすことができれば、「信じられな
い」「超能力だ」と思うような未知の能力を、誰でも発揮するこ
とが可能です。</u>

　私たちが普段意識的に働かせているのは、左脳の意識です。一
方、右脳の意識は無意識に働いており、意識的に働かせることは
ほとんどありません。

<u>「脳力」をフル活用し、天才のように振る舞えるようになるため
にやるべきは、右脳をうまく使うことです。</u>
　<u>トレーニングによって頭の働かせ方を変えてやれば、6歳を過
ぎていたとしても、誰でも右脳のイメージ力を引き出せます。</u>

　人間が生来備えている強力な力を使いこなすためには、右脳の
開発が欠かせません。私が実践する七田式では、<u>催眠法により右
脳の意識を目覚めさせます。</u>
　本書では、私たちが本来持っている「脳力」を引き出し、最大
限に活用するための考え方やノウハウを紹介していきましょう。

Point

人間は「脳力」をほとんど活用できていない。

本書の考え方やノウハウは
私たちが本来持っている「脳力」を引き出してくれる。

---

02 イメージトレーニングの驚くべき効果

　脳は、実際のトレーニングとイメージトレーニングを区別できません。右脳でイメージしたことは現実になります。

　具体的に説明しましょう。
　たとえば、右脳の「心のスクリーン」に、自分がサッカーの練習をしている様子をイメージすると、実際に練習したのと変わりない効果があります。

　『リバース思考──超一流に学ぶ「成功を逆算」する方法』（ロン・フリードマン著、かんき出版）によると、イギリスのプロサッカークラブ「マンチェスター・ユナイテッド」で活躍していたウェイン・ルーニー選手は、試合の日が近づいてくると、スタッフに当日のユニフォームやシューズなどの色を尋ねていたといいます。

　なぜそんなことをするのでしょうか？
　答えは、イメージトレーニングの効果を高めるためです。

　ルーニー選手は、試合の前夜、ベッドに横たわって自分がゴールを決めたところをイメージするのが習慣だそうです。当日の服装を知ると、試合中の自分の姿をより鮮明にイメージできます。ルーニー選手は、より具体的にイメージすればするほど、イメージトレーニングの効果が上がることを知っているのです。

サッカーに限らず、**スポーツの世界ではイメージトレーニング<u>がごく当たり前に浸透しています。</u>**

　もちろんイメージトレーニングは、スポーツ以外のシーンでも効果を発揮します。プレゼンテーションの前日には、みんなの前で堂々と話し、拍手喝采を得ている自分をイメージしてみましょう。

　世界中で1億部以上売れているとても有名な自己啓発書『思考は現実化する』（ナポレオン・ヒル著、きこ書房）にも、イメージの力の重要性が書かれています。
　<u>掲げる目標が具体的なものであればあるほど、最短距離でゴールにたどり着ける</u>というのが、そのメインメッセージです。

　あなたもイメージトレーニングの力を知り、活用しましょう。右脳と左脳を十分に働かせて、成果を生み出すことができるはずです。

Point

右脳でイメージしたことはその通りに実現する。

イメージトレーニングを効果的に行うと、
パフォーマンスの最大化が期待できる。

---

03 両方の脳を働かせるための 簡単トレーニング

　左脳と右脳の両方を正しく働かせる方法はいくつかありますが、そのすべてに共通しているのは、「左脳の右脳に対する抑止力が働かないようにして、右脳を学習モードに導き、右脳を使わせること」です。

　脳の学習モードには、左脳の学習モードと右脳の学習モードがあります。普通に学習させると、左脳が優勢に働く左脳学習モードの学習になってしまいます。

　右脳学習モードに切り替えるには、瞑想トレーニングが有効です。右脳と左脳は同時に働けません。どちらかが優位になると、もう片方がその働きを休めます。
　つまり、右脳学習モードに切り替えたいなら、左脳の働きをオフにする必要があります。

　左脳の働きを休ませるためには、瞑想トレーニングが有効です。瞑想トレーニングによって右脳学習モードに切り替え、学習の効率を大幅にアップさせましょう。
　瞑想トレーニングのやり方は、次の３ステップで説明できます。

瞑想トレーニングの3ステップ

ステップ1
瞑想

ステップ2
呼吸

ステップ3
想像

[ステップ1] 瞑想
目を閉じて心を落ち着かせる
[ステップ2] 呼吸
腹式呼吸を3〜5回行う
[ステップ3] 想像
心が落ち着き、学習したことがすいすい頭に入る様子をイメージする

　たとえば、学習効率をアップさせたいなら、勉強の前に瞑想トレーニングを取り入れるといいでしょう。

　所要時間は10分程度。たった3ステップながら、たちまち左脳が働きを休め、脳の働きは左脳から右脳へ切り替えられます。その結果、勉強の成果がまるで違ったものになるでしょう。

右脳モードに切り替えるには、瞑想トレーニングを。

Point　瞑想、呼吸、想像の3ステップで
　心が落ち着き、学習の効率がアップする。

04 天才たちが実践する 2つの習慣

　天才たちの多くは、「瞑想する習慣」と「ひらめいたことをメモに取る習慣」を持っています。

　たとえば、シュールな絵を描くことで有名なサルバドール・ダリ。ダリは絵を描くとき、まずスプーンを手に取って椅子に座り、瞑想を始めたそうです。

　瞑想を続けているうちに、うとうとし始め、やがて眠ります。その瞬間に手元がゆるみ、スプーンが床に落ちた音でハッと目覚め、そのとき見た夢をもとに絵を描いていたというのです。

　人は誰でも眠りに落ちる前に脳波が θ（シータ）波になります。脳波が θ 波のとき、鮮やかなイメージを見ます。ダリはそのことを経験的に知っていたからこそ、眠りに落ちるときに見た夢をもとに、数々のシュールな絵を描いていたのでしょう。

　アインシュタインもまた、瞑想の価値をよく知っていた人の一人です。アインシュタインはしばしばコインを手に持って椅子に座り、瞑想していたと言われています。

　ダリにアインシュタイン。彼らは、瞑想こそ右脳を開くトレーニング法であることを知っていたのでしょう。

　瞑想によってひらめきを得たら、そのひらめきをすかさずメモ

に残しましょう。そうしないと、すぐに忘れてしまいます。

　あなたもこの2つの習慣を取り入れて、天才的な脳の使い方をしましょう。そうすれば、右脳と左脳の境界が密接になって、天才と同じように脳を使えるようになるかもしれません。

　アメリカの精神科医アーネスト・ハートマンは、次のように結論づけています。

　ミュージシャンや画家、作家などクリエイティブな職業についている人々の中で、非常に現実味を帯びた夢を見る人は、一般の人よりはるかに鮮明な夢を見ていて、その見た夢を他の人よりはるかによく覚えている。さらに、2歳、3歳の頃のことをはっきりと記憶している。これは右脳と左脳の境界が密接になっているからで、子供の頃は誰でも密接だったのが、年を重ねるにつれ、境界はどんどん広がってしまう。

　一般的に、右脳と左脳の境界が密接な人は、ひらめきや潜在意識からのメッセージをキャッチしやすいようです。右脳と左脳の境界をより密接なものにするために、毎日瞑想をし、見えたイメージをメモに取りましょう。

　↓
Point 　天才には「瞑想する」「ひらめいたことをメモに取る」という習慣がある。

　この2つにより、天才に近づける。

---

05 右脳を解放すると、何が起こるのか?

　右脳と左脳は異なる働きをします。一言で表現すると、**右脳はイメージの働く脳で、左脳は言語の働く脳**です。

　右脳と左脳の認識方法、思考の方法、記憶の方法は全く別物であるため、**2つの脳は同時に働くことができません。**常にどちらかに優位性があり、一つが主になって働くとき、もう一つの働きは弱められます。

　言葉の話せない0〜3歳の子供は右脳優位です。**3歳から6歳にかけて左脳優位に移行していき、特別な右脳トレーニングをしない限り、右脳の働きは次第に損なわれていきます。**

　これから説明していきますが、私たちは左脳ばかり使い、右脳を十分に使えていません。それゆえ、本来持っている力のうちごくわずかしか発揮できていないのです。

　そんな私たちが右脳をうまく使えるようになるには、特に胎児期および0歳から6歳の時期に右脳のイメージ力を引き出す働きかけをすることが大切です。右脳が優位な時期にトレーニングをし、刺激を与えてあげれば、子供たちは容易に天才的な能力を発揮するようになります。

　一方、脳障害児の場合は右脳優位のまま成長していくケースも少なくありません。以前私が会った5歳の脳障害児は、言語脳である左脳に障害があり、他人の言葉にまるで注意を払いませんで

した。しかしながら、右脳優位な状態にあるゆえ、ひと目見たものをそのまま再現することができたのです。

　盲目で精神遅滞があり、脳性まひの症状を持つ子にも会ったことがあります。この子もまた右脳優位であったため、見事にピアノを演奏していましたし、歌の物真似や曲に合わせて踊るのも上手でした。ＣＴ検査をしてみると、左脳に障害が見え、右脳からは活発なα波が出ていました。

『なぜかれらは天才的能力を示すのか』（ダロルド・A・トレッファート著、草思社）には、左脳に障害を持つ人たちが驚くような才能を示す例が紹介されています。音楽など習ったこともないのに、チャイコフスキーのピアノ協奏曲を聴いて、すぐに再現できた人。話せる言葉が全部で58語しかないのに、全米の都市のうち人口5000人以上の都市名とその正確な人数を、すべて言うことができる人……。こうした驚くべき話がたくさんあります。
　彼らは右脳に対する抑止力が働かないため、右脳が本来有している能力がフルに発揮されるのです。

　私たちも、右脳の能力をフルに発揮すれば、こうした技を成し遂げることができます。左脳だけを使う状態を抜け出して、左右両方の脳を正しく使う方法を知りましょう。

右脳はイメージの働く脳。

Point

幼い子供は右脳優位だが、
6歳頃を境に左脳優位へと変わっていく。

06 簡単! 脳の構造を理解しよう

　ここまで「右脳」や「左脳」についての話をしてきましたが、そもそも「脳」の構造はどうなっているのか、簡単に見ていきましょう。

　脳は大きく「大脳」と「小脳」と「脳幹」の３つに分けられます。
　大脳は脳全体の約８割を占める大きな部位で、人間らしい行動をつかさどる「大脳皮質（大脳新皮質）」、本能的な情動をつかさどる「大脳辺縁系（大脳旧皮質）」、脳幹、脳梁の４つから成ります。

　大脳皮質と大脳辺縁系はさらに、次のように分けられます。

- ・大脳皮質：前頭葉、頭頂葉、側頭葉、後頭葉
- ・大脳辺縁系：海馬、扁桃体、側坐核

　小脳はいわば「運動の司令塔」。平衡感覚や筋肉運動をつかさどっています。
　脳幹は「生命を維持するための脳」。間脳、中脳、延髄などで構成されています。間脳の中には視床と視床下部があり、視床下部からぶら下がるように脳下垂体が、視床の上部後方に松果体があります。

　なお、脳全体は右半球と左半球に分けることができ、神経繊維の太い束である「脳梁（ブリッジ）」でつながれています。

この右半球、左半球はそれぞれ「右脳」「左脳」と呼ばれます。右脳と左脳は、左右一対の全く同じ組織を持っているものの、働きは全く異なります。

一般的な右脳と左脳の働きの違いを簡単にまとめると、以下のようになります。

[**右脳**] 直感的思考をつかさどる脳
イメージ、ひらめき、芸術性、創造性、空間認識、図形認識
[**左脳**] 論理的思考をつかさどる脳
言語、計算、分析、推論、記憶、数学

近年、「右脳派」「左脳派」という言葉も聞かれるようになってきました。一般的に「右脳派」は感情表現が豊かな人（感性派）、左脳派は感情よりも論理を重視する人（論理派）などと表現されます。
七田式では、右脳の働きに着目し、右脳に秘められた能力を引き出していきます。

脳は「右脳」と「左脳」に分けられる。

Point　右脳と左脳は全く同じ組織を持っているが、
　　　それぞれ別の働きをしている。

07 大昔の人間は
「右脳」主体だった!?

　あなたは人間の意識はどこにあるか、ご存じでしょうか？　漠然と「人間の意識＝脳」と認識しているかもしれませんね。
　実は私たちが実感として認識している「意識」は、主に左脳でつくられているものです。

　そう聴くと「じゃあ、右脳には意識がないの？」と思う方もいるかもしれません。それは誤解で、右脳にも意識はあります。ただ、それを実感できないだけなのです。

　<u>右脳の意識は「無意識」、または「超意識」と表現できます。</u>
　これは、私たちが自覚できない意識のことです。すべての生物には超意識があります。信じられないと思うかもしれませんが、実は植物にさえ超意識があるとされています。

　人類はこれまで進化を続けてきましたが、その進化は主に目に見える肉体の部分と、知識をつかさどる左脳の部分に限られています。これら２つは、進化を続けて、目まぐるしく変わる生活環境に適応してきました。
　一方で、<u>右脳は、人類が誕生してから全く進化していません。</u>なぜなら、左脳が「知識」をつかさどるのに対して、右脳は「意識」（正確には潜在意識＝無意識）をつかさどっているためです。
　人間は進化の過程でどんどん知識的な能力を発展させてきましたが、より本能的な右脳の能力は眠ったまま──そう説明すると

わかりやすいかもしれませんね。

　ちなみに、<u>まだ言語の発達していなかった大昔には、人間は右脳を主として働かせていたそうです。</u>

　プリンストン大学の教授だったジュリアン・ジェインズ博士は、「古代人の意思決定は右脳によって行われていた」と述べています。言語が発達するにつれ、私たちの脳は左脳優位になっていったのです。

　人間が誕生してからずっと手つかずの状態にある右脳。その神秘的な部位には、無限の潜在能力が潜んでいます。

　まずはそのことを理解してください。そして本書を通して、この無限の潜在能力を刺激し、引き出す方法を学んでいきましょう。

Point　左脳は「知識」をつかさどる脳、
　　　　　右脳は「意識」（潜在意識＝無意識）を
　　　　　つかさどる脳である。

第2章

人生が
思い通りになる
イメージトレーニング

08 脳は「イメージ」と「現実」を区別できない

　近年、イメージトレーニングが注目されるようになったのは、有名なプロアスリートが取り入れていることが報道されているからでしょう。たとえば、大谷翔平さんや本田圭佑さんがその代表例です。

　私自身、10年計画でイメージトレーニングを続けてきました。父から会社を受け継いで、24歳で2代目社長になったときに、父が「今日は社員全員で集まって、会社の将来の話をしよう」と言ったことがありました。当時、社員は8人しかいなかったのですが、全員で3年後、5年後、10年後のビジョンを書きました。「今は年商が1億円だけれど、10年後には10億円にしよう」「ボーナスは年間10カ月分出そう」「自社ビルを建てよう」などと具体的なイメージをして目標を立てたところ、<u>10年経たないうちに、次々に実現したのです。</u>

　なぜ、イメージしたことが現実化するのか。それは、脳はイメージしたことと現実の区別ができないからです。
　<u>イメージトレーニングによって「自分はできる」と脳が認識すると、それが現実になるのです。</u>

　ただし、イメージトレーニングをする際には、2つの注意点があります。

1つ目は、<u>現状を決して否定しないこと。</u>

　たとえば「お金持ちになりたい」とイメージしたとしましょう。そんなとき「貧乏だからお金持ちになりたい」と、自分の現状を否定しながら反対のほうに行こうと思うのは、ブレーキを踏みながらアクセルを踏むようなものです。そうすると、潜在意識は動きません。まずは現状を受け入れましょう。

　「今は4畳半一間に住んでいるけれど、お金持ちになって大きな家に住みたい」と思ったなら、まず4畳半に住んでいることを受け入れます。「4畳半は、モノにすぐ手が届くし、掃除もすぐ済む」とわくわくしながら、イメージの中で7LDKに住んでいるところを思い描きましょう。「4畳半が嫌だから7LDKに住みたい」と思うと、嫌な感情のほうが勝ってしまいます。

　2つ目の注意点は、<u>目標は高すぎず低すぎないものにすること。</u>

　<u>ビジョンは、小さすぎても大きすぎてもわくわくしないもの。</u>給料10万円の人が、いきなり「1億円稼げるようになりたい」と思っても、あまりに現実離れしていて、脳がブレーキをかけてしまいます。本当に自分が望んでいて、かつ高すぎず低すぎない、自分が心からわくわくするイメージを選びましょう。

Point

脳はイメージと現実の区別がつかない。

現状を決して否定せず、わくわくするようなイメージを
意識して、イメージを現実化しよう。

---

09 「イメージング」で
思考を現実化させる

　イメージには、「想像したことが現実になる」という原理が働いています。そう聴くと、「とても信じられない」「ありえない」と思う人もいるでしょう。

　たとえば、病気が治ったイメージをすると症状が改善します。運勢が良くなるイメージをすると運が開けます。独創的な絵をイメージすると非常に創造性の高い絵がイメージとして現れ、それを描くことによって独創的な絵を描くことができるのです。

　ビジネス界や芸術界でも大きな成果を上げた人の多くは、右脳を開発して、イメージの力を利用しています。

　アメリカの最も著名な刑事専門の弁護士の一人は、自己催眠を常用していたと言われています。彼は催眠状態に入ることで、無意識の記憶の中にある凡例から、自分の求める答えをもらってきていたのでした。

　19世紀のフランスの作家バルザックやフローベール、ゾラなども、自己催眠により無意識の記憶の中にあるストーリーを得て、それを作品にしたと伝えられています。

　右脳を開発すれば、本来の能力を使いこなせるようになります。しかしながら現状では、右脳がつかさどる無意識領域を十分に使いこなせていません。

　右脳には写真やビデオのようにはっきりしたイメージを見る能

力があるため、まずは右脳のこのイメージ力を引き出すことを目指しましょう。

「左脳は言語処理をし、右脳はイメージ処理をする」という違いを明確に認識した上で、右脳のイメージ処理能力を高め、左右の脳を統合して使えるような訓練に力を入れるのです。

左右の脳を統合して使えるかどうかは、刺激の受け取り方がカギを握っています。学者たちは実際、機械を使って脳に音や光の刺激を与えたり、薬や香りを使ったりして、右脳の意識を目覚めさせる方法をいろいろ実験しています。

しかし、こうした刺激は「自転車の補助輪」程度の働きしかしてくれません。それよりも大切なのは、自分の意識で左右の脳を統合させて、意図した通りに脳を使えるようになること。そのためには、催眠法が非常に有効です。

右脳にははっきりとしたイメージを見る能力がある。

Point　まずは右脳のイメージ処理能力を高めて、
　　　　イメージを引き出すことを第一目標にしよう。

10 「右脳の力」を 開花させる方法とは？

　右脳には無限の潜在能力が潜んでいますが、多くの人はそれを発揮できないまま一生を終えてしまいます。

　右脳に秘められた力を引き出すにはどうすればいいか。そのカギは催眠にあります。

　<u>人は催眠状態に入ると、本来持っている天才的能力を発揮できるようになります。</u>催眠は右脳に秘められた魔法の力を引き出すテクニックなのです。

　通常の状態では顕在意識が優位に働いていて、潜在意識はほとんど働かないという状態にありますが、催眠状態に導かれると、これと逆のことが起こります。つまり、潜在意識が優位に働いて、顕在意識がほとんど働かないという状態になるのです。

　その結果、潜在意識の処理機能（右脳の機能）が使えるようになります。

　実は<u>天才たちは、普通の人と違って、左右の脳を統合して使っている</u>ことがわかっています。ですから普通の人でも両方の脳を統合して使うことを学べば、天才と変わらない頭の使い方ができるようになるのです。

　そこで脳科学者たちは、普段左脳しか使っていない普通の人たちのために、どうすれば右脳も使えるようになるか、どうすれば左右の脳を統合して使えるようになるか、その方法を発見しよう

と躍起になって研究しています。

　本書で紹介する催眠法では、催眠下の能力を「右脳の能力」と位置付けています。そして催眠によって潜在意識に働きかけ、右脳に秘められたすばらしい「未知能力」を引き出すところが、最大の特徴と言えます。

　催眠と聞いて「そんなもので能力開発などできるのか？」といった質問をぶつけるのは、たいてい「左脳人間（左脳の働きが強い人）」です。

　左脳人間は何事も理詰めで考え、納得してからでないと受け入れられない傾向があります。本書で紹介する催眠法は、左脳人間を、右脳も使える人に変えることができます。

　世界には見える世界と見えない世界の２種類がありますが、通常、人は見える世界に重点を置き、見えない世界を無視してしまっています。ところが、実際には見える世界より見えない世界のほうがはるかに広く、私たちは無意識のうちに、見えない世界から多くの情報を得ながら生活しています。

　催眠法を通じて、知の宝庫である右脳から情報を取り出しましょう。

↓
Point　人は通常、左脳優位の状態にあるが、
催眠によって右脳の機能が使えるようになり、
多くの情報を得ることができる。

11 脳に「暗示」を与えると、 イメージが見える

　私たちは目を通してモノを見ています。

　モノが見える仕組みは、簡単に言うと、目を通して入ってきた刺激が網膜の細胞に映り、それが化学変化して網膜模様となり、その電気的模様が脳の後頭葉に伝えられるというものです。

　この現象は正確には「目が見えている」のではなく、「脳が見えている」と言えます。夢も同じで、目を閉じているのに、脳で映像を見ているのですね。

　催眠で見るイメージもこれと同じで、**目を通してではなく、脳が見ています。** つまり、脳は目の作用なしでもイメージを見ることができるというわけです。

　なぜ催眠でイメージが見えるのか。それは、脳が「暗示」という刺激を受け取ることによって、脳の中の立体回路の各部で共鳴振動が起こり、それがイメージを見させるからです。

　たとえば「黄色くて少し丸みのある形をしていて、酸っぱい味がする」といえば、誰もがすぐレモンを思い浮かべますよね。人はレモンを見たとき、その刺激が電気的エネルギーに変換されてインパルス（衝動）となり、それが脳内のイメージを見るのに必要なさまざまな部分に電気的刺激を与え、視覚に関わる部位を興奮させます。

　これとは別の領域にある脳細胞には、レモンの味を記憶する部

位や、レモンを手に持った感触を伝える部位もあります。レモンに関する刺激が、脳のさまざまな部位に立体的にプリントされる仕組みになっています。

また、一定の感覚知能が脳にプリントされると、脳はそれを感覚器の助けなしに再生することができます。従って、暗示という刺激を受け取ると、「刺激＝応答の回路の共鳴効果」によって脳が化学反応を起こし、いろいろな刺激を結び付ける連合野という領域によって、イメージが組み立てられるのです。

なお、**催眠でイメージを見るには、深くリラックスする必要があります。**深くリラックスすると右脳が活性化し、イメージがはっきり見えるようになります。

リラックスするには、まず目を閉じ、瞑想することによって精神を集中させましょう。何かひとつ見るものを定め、それをじっと見つめることによって集中するといいでしょう。

↓
Point　催眠でイメージが見えるのは、
　　　　脳が「暗示」という刺激を受け取っているから。

イメージを見る条件は「深くリラックスすること」。

---

12 「想像して、思い込む」だけで 効果が出る

　一般の催眠法では暗示が重視され、イメージはそれほど大切にされていません。そのため、他の催眠法の経験者に催眠をかける際、「イメージを大切にしてください」と指示しても、「何を言っているのかわからない」と言われることがよくあります。

　しかし、催眠の本質はむしろイメージにこそあるのです。七田式が提唱している催眠法では「イメージ」を最も大切にします。イメージは右脳の記憶に属し、右脳の基本能力はイメージを見る能力だからです。

　催眠法を体験するときに「イメージがよく見えません」と言う人がいますが、気にすることは全くありません。
　イメージを見ようとして焦ると、かえってうまくいかないこともあります。焦らず、リラックスしてイメージしてみましょう。

　コツとしては、右脳意識に入った「ふり」（想像）をしてみること。
「想像して、思い込む」だけでかまいません。これがイメージの本質なのです。右脳は想像で働く脳であるため、想像することによって潜在意識の奥深くまで入っていくことができます。

　右脳意識の本質は「素直さ」です。
　だから子供のような純真で無垢な心で、想像力を巡らせること

が大切です。そして、それを素直に信じることです。

　なお、七田式の催眠法においては、いかに深く変性意識状態（催眠状態）に導き、クリアなイメージを見せることができるかが非常に重要です。その手法として、「棒のイメージ（人橋）がいちばん大切」と提唱しています。

　一方、他の催眠法では、「人橋なんて催眠とは言わない」と軽く見る傾向がありますが、とんでもないことです。人橋こそ、人を深い変性意識状態に導く力を秘めた、非常に重要な方法なのです。

　↓　　「イメージが見えない」と気にする必要はない。

Point　　子供のような純真で無垢な心で、
　　　　　想像力を巡らせてみよう。

---

13 自ら「思考の現実化」を 妨げていないか?

　思考は、必ず現実化します。「世の中は自分の思い通りにならない」と思っている人は、「思い通りにならないということ」を現実化しているのです。

　ただ、ここで言う「思考」とは、左脳と右脳の両方の思考を指します。言い換えれば、意識と無意識と言っていいでしょう。

　たとえば、あなたが「お金持ちになりたい」と意識したとします。しかし、あなたの無意識の中に「お金儲けは汚い」というようなイメージがあれば、この思考は現実化しません。

　また、潜在意識は急激な変化を嫌いますので、もし、あなたがダイエットや禁煙にチャレンジしたとしても、そこに急激な変化が伴えば、脳の現状維持プログラムが働いて、元に戻そうとします。

　加えて、過去の失敗や、周りの人たちのネガティブな言葉が潜在意識に残っていて、「どうせ私には無理だ」と、行動を妨げてしまう場合もあります。

　さらには、どんなに強く願って無意識に対して働きかけても、その望みが右脳的な価値、つまりあなた自身の本質的な価値に合致しなければ、叶えられません。一時的に叶えられたとしても、後になって必ずその反動が来ます。

　「思考の現実化」を邪魔するのは、左脳のしわざです。

左脳は論理的な思考をつかさどっており、社会生活を送る上で、非常に重要な役割を担うもの。しかし、思考を現実化したいときには、邪魔にもなるのです。

　たとえば「やっても、どうせ無理に決まっている。彼らが成功したのは、特別な才能を持っていたからだ。私にはそんな才能などない」などと考えていないでしょうか。
　また、過去の失敗から恐れが生じて、意識としては「自分はやれる」と思っていても、無意識にブレーキをかけている例もあるでしょう。
　一生懸命頑張ろうとして心のアクセルを踏みながら、無意識のうちに心のブレーキも踏んでいるのかもしれません。これでは、前に進むことができないままです。

　右脳と左脳は、それぞれに異なる、大切な役割を担っています。<u>思考を現実化する上では、右脳と左脳の役割を理解して、それぞれを適切に生かせるようにしましょう。</u>

思考は必ず現実化する。

Point　願っているはずのことが現実にならないのは、
　　　　左脳がブレーキをかけているから。

14 「催眠」の よくある誤解

「催眠」と「睡眠」を混同している方も多いようですが、この2つは少し違います。

催眠において、暗示を与える術者は被術者に「瞼が重くなり、眠くなって閉じてしまう。ぐっすり深い眠りに入る」と言い、被術者は睡眠と似たような状態になりますが、実際には眠っていません。術者から言われていることは全部わかっています。

また、「自分は催眠療法を受けたが、ずっと意識があった。だから催眠にはかかっていなかったと思う」と言う人がいますが、これも誤りです。催眠によって意識を失うことはありません。

催眠状態に導かれても、顕在意識がかすかながら働いていますから、周りで何が起こっているかわかります。

睡眠には浅い睡眠状態と深い睡眠状態があり、浅い睡眠状態はα波レベル、深い状態はθ波やδ（デルタ）波レベルであることがわかっています。

ぐっすり眠った深い睡眠状態では、周りで何が起きているか意識しませんが、うとうと眠っている浅い睡眠状態では、ぼんやりと周りの様子を把握できることがありますね。この状態は催眠状態にとてもよく似ていると言われています。

近年はテレビなどでしばしば催眠術が取り上げられるようになったためか、催眠についての一般の人たちの理解もかなり深く

なってきたと思います。

　しかしその一方で、「催眠にかかるとマインドコントロールされてしまって、術者の思うままに自由に操られる」「自分は催眠にかかりたくないのに、術者によって無理やり催眠状態にされてしまう」といった、間違った印象を抱いている人も多いようです。

　催眠は、自ら「催眠にかかりたい」と思っていない限りはかからないものです。

　つまり、他の人がかける「他者催眠」にも、実は「自己催眠」の側面があります。自分の中に「催眠状態に入りたい」という無意識の心の働きがあるからこそ、暗示に反応しているのです。

　催眠とは、左脳の意識と右脳の意識をきれいに分離し、右脳意識を自由に使いこなせるように導くことです。

　七田式の催眠法では、自分から催眠のレベルに入りたいというすべての人に、催眠暗示によって導いていくことのメリットを理解してもらうとともに、そのレベルに入っていく道筋をわかりやすく説明します。その結果、「催眠状態に入りたい」と思えるようになった人は、右脳の深いレベルに入っていくことができます。

自分の意に反して催眠状態に入ることはない。

Point　「催眠状態に入りたい」と心から思っている人だけが、
　　　　催眠にかかる。

15 「誰でも、すぐに効果が出る」のが特徴

　七田式の催眠法には、8つの特徴があります。この項ではまず、そのうちの4つを紹介しましょう。

　1つ目の特徴は「誰でもただちに催眠に導けること」。
　一般的な催眠法では、「よくかかる人が20％、どうしてもかからない人が20％」と言われています。一方、本書で紹介する催眠法では、「100％の人をただちに催眠に導くことができる」と言っています。

　2つ目の特徴は「高速催眠であること」。
　いわゆるショー的催眠や医療催眠の場合だと、人が催眠状態に入るまでに少なくとも数分かかるのが一般的です。それに対して、私の催眠法はただちに催眠状態に導くことができます。催眠状態に入るまでの時間はおよそ1分から2分です。

　3つ目の特徴は「ラポール（術者の権威）を必要としないこと」。
　一般的な催眠法は「催眠＝イメージ」ではなく「催眠＝暗示」という見方で捉えられており、催眠をかけるには「ラポール（信頼関係）」が必要だと言われます。つまり、催眠術を施すには、術者が権威を持たなくてはならないし、被術者は術者に対して信頼を持っていなければならないとされているのです。
　一方、七田式のイメージトレーニングでは、ラポールを全く必要としません。トレーニングを受ける相手が、トレーナーの言葉

を頼りに、自分で催眠に入っていく「自己催眠」なのです。

　七田式では「導かれる相手に右脳のイメージ力を開きたいという思いがあればそれでよい。そうして左脳の働きを止めてイメージすれば、ただちに変性意識状態（＝催眠状態）に入ることができる。従ってラポールは不要」と言っているところが、これまでの催眠法との根本的な違いです。

　４つ目の特徴は「幼児でも簡単に催眠に導けること」。
　従来の催眠術では「小さな子供にはかからない」と言われてきました。従来の催眠は暗示によって導くため、大人の言葉がまだ理解できない子供を催眠に導くのは難しいとされてきたのです。
　ところが私の催眠法では、むしろ小さな子供のほうが変性意識状態（＝催眠状態）に入る能力が高いと考えています。
　その理由は、人間は生まれながらにすばらしい潜在能力を持っており、それを発揮する源である「間脳の力」が、幼い子供ほど閉ざされていないからです。

Point **七田式催眠法ではラポールを必要としない。**
大人でも子供でも関係なく、
誰でもただちに催眠状態へと導ける。

16 他人から見たら
「超能力」のような力も出せる

　催眠法の特徴について、残る4つをご紹介しましょう。

　5つ目の特徴は「イメージテストという導入方法から始めること」。
　七田式の催眠法は、独自の「イメージテスト」という導入方法から始まります。この方法で始めると、最初から100%の人を右脳優位の状態に導くことができ、イメージ力が開けて、簡単に透視などができるようになります。

　6つ目の特徴は「自ら進んでかかる自己催眠であること」。
　七田式の催眠法の大きな特徴として、第三者にかけてもらうのではなく、自分の意思で催眠状態に入っていく「自己催眠」であることが挙げられます。術者は存在するものの、術者の役割は、被術者が自分で催眠に入っていくのをサポートするだけです。
　だから催眠がうまくかからないときは、あなた自身が自ら催眠状態に入ることを拒否しているだけ。自分の内面と向き合い、きちんとイメージし直せば、すんなりと催眠状態に入れるでしょう。自己催眠だからこそ、初心者同士でもすぐその場でお互いに催眠をかけたり、かけられたりすることも可能です。

　7つ目の特徴は「『超能力＝右脳の能力』と捉えていること」。
　1960年代のチェコスロバキアの生化学者で、超心理学者のミラン・リズル博士の実験によって、それまで超能力とみなされて

きた能力は、実は超能力などではなく、ごく当たり前の脳に働く能力だということが明らかになりました。

「超能力＝右脳の能力」だと捉えているのも、七田式のごく基本的な考え方です。ですから、催眠術で透視力が目覚めるのはごく当たり前だと考えています。

　8つ目の特徴は「**催眠状態のときに ESP 能力がごく普通に働くと捉えていること**」。

　ESP 能力とは、「超感覚的知覚」のこと。一般的に「テレパシー」や「予知」・「透視」などと呼ばれる能力で、五感や論理的な類推などの手段を用いることなく情報を得る能力を指します。

　私は、ESP 能力をごく限られた人の天賦の才とは考えていません。催眠状態とは右脳意識の状態であって、この状態のときにESP の能力が働くと捉えています。

　実際、ブルックリン大学の心理学講師ローレンス・カスラー博士の実験では、催眠グループと普通のグループに分けて ESP テストを行った結果、催眠グループの成績がきわめて優位なものであることがわかっています。

七田式催眠法はイメージテストから始める自己催眠。

Point 催眠状態に入ると、右脳の能力が引き出され、
驚くような力を発揮できる。

---

17 催眠法を
試してみよう①

　七田式の催眠法は 10 ステップから構成されており、10 のステップを順番に行うことによって、目を開けていてもイメージが見える「覚醒催眠」に導きます。

　試しに、次の流れで身近な人に催眠をかけてみてください。

・ステップ１：イメージテスト

　まず、被術者に指をぎゅっと握り込んでもらい、「その手は握ったままで広げられない」と暗示します。

　次に、手のひらを広げ、指をまっすぐ伸ばしてもらってください。親指をじっと見つめさせ、「あなたの手は、閉じなくなる」と暗示すると、どんなにやっても閉じなくなるでしょう。

・ステップ２：凝視法

　被術者に視線を上方 45 度に向けてもらい、天井の一点を見つめさせます。「瞼が重くなって、閉じてしまう。閉じると脱力して後ろに倒れる」と暗示すると、体が後ろへ倒れ、脱力して深い催眠に入ります。

・ステップ３：観念誘導法

　両手のひらの間に風船があるとイメージしてもらいましょう。

　風船が大きくなるにつれて、手も大きく開きます。風船が割れると、両手が頬に引きつけられてぴったりとくっつき、くっついた両手が離れなくなります。

・ステップ4：動揺法

体が前後左右に揺れます。揺れながら脱力し、体が前に倒れ、床に崩れ落ちて、そのまま深い催眠に入り、クリアなイメージを見ます。

・ステップ5：立式後倒法

目を閉じて立ち、体が棒になって倒れるイメージを持って、実際に倒れます。怪我をしないよう、誰かが後ろから支えてあげてください。

これを繰り返すほど深い意識レベルに入れます。

・ステップ6：感覚実験

目を閉じ、手を胸の前で合わせてもらってください。

続いて「指先が震える。震えると同時に手足の感覚が抜けていく」と暗示すると、被術者は感覚が抜けた手を下におろすはずです。下におろした手は、まるで分厚い手袋をしているように、感覚がありません。

Point 七田式催眠法では、10のステップにより、目を開けていてもイメージが見える「覚醒催眠」状態へと導ける。

18 催眠法を 試してみよう②

　続いて、目を開けていてもイメージが見える「覚醒催眠」へと導くための流れを紹介していきます。ステップ7からは、いよいよ覚醒催眠へと導く段階です。

・ステップ7：反復深化法
「あなたは今、深いレベルに入ってリラックスしています。数を10から1まで数えると、さらに深いレベルに入ります。その後、数を数えると、奇数で目が開きます。偶数で目が閉じます」と言いながら、相手の目を開け閉めさせます。
　これを続けるうちにどんどん催眠状態が深まっていき、最後には奇数を言っても、もう目が開かなくなっているでしょう。この状態になると、目を開けていてもイメージが見えます。

・ステップ8：記憶交換法
「あなたは今、深い催眠に入っています。目を開けても催眠から覚めません。そして私の言う通りのものが見えます」と指示してください。その後、「これはさくらんぼです」と言って「梅干し」を渡し、「梅干しです」と言って「さくらんぼ」を渡します。
「どちらがさくらんぼですか？」と聴くと、被術者は梅干しを指して「こちらがさくらんぼです」と答えるでしょう。そのさくらんぼを食べさせると、「おいしい」と言って食べるはずです。

・ステップ9：透視法

この段階に及ぶと、被術者は深い催眠状態に入っています。

　ここで4枚のトランプカードの中から、赤いカード（ダイヤとハート）を透視させてみましょう。覚醒していたときよりよく当たるはずです。

・ステップ10：自己催眠法

　被術者は自己催眠により、潜在意識の状態に入っています。

　病気の患部を治す、スポーツの能力を高める、記憶の能力を高める、語学の学習能力を高める、音楽の能力を高めるなど、実現したい状態を強くイメージしてもらいましょう。

Point 七田式催眠法においては、
被術者はステップ7から「覚醒催眠」へと導かれ、
ステップ10でイメージしたことが現実となる。

19 催眠状態に入りやすくなる
3つの習慣

　ここでは、催眠状態に入りやすくなる3つの習慣を紹介しましょう。

・①弛緩と緊張を繰り返し、脳をリラックスさせる
　まずは、体をしめつけているものをゆるめて横になり、目を閉じてください。
　心を落ち着かせ、3回深呼吸をします。
　心と体がとてもリラックスしているのを感じてください。
　一転して、できるだけ体を緊張させます。自分が棒になったとイメージしてください。
　頭と足で体を支えて腰を持ち上げ、アーチをつくります。
　普通に呼吸しながら、緊張した状態を約20秒間保ってください。
　一気に緊張を解いて、体がゆるんで軟らかくなるのを感じながら、床に横になります。

　このように、弛緩と緊張のバランスを用いることで、脳をリラックス状態に導きます。この流れを覚えて、そのまま瞑想に入るようにすれば、誰でも簡単に変性意識に入ることができるようになるのです。

・②瞑想をする
「5分間瞑想」を毎朝晩、行うようにしましょう。5分間瞑想は

「瞑想」→「呼吸」→「想像」の３ステップから構成されており、これを繰り返すことで左脳の働きを抑え、右脳が使えるようになります。

　まず「瞑想」。目を閉じて心を落ち着かせます。

　次に「呼吸」。いつもよりゆっくり深い呼吸をします。息を吐いたときは下腹をぺちゃんこにし、息を吸ったときは下腹を大きく膨らませます。吐いたときは、体の不調やマイナスの思いがすべて息とともに抜けていくとイメージしましょう。吸ったときは、息とともに宇宙のエネルギーが体いっぱいに入り込むイメージをしましょう。この呼吸を３回繰り返します。

　最後に「想像」。普通の呼吸に戻して想像します。仕事で成功したいなら、業務成績を示すグラフがいちばん高く伸びて、上司から「素晴らしい成績だね」と褒められているところをイメージしましょう。

・③イメージトレーニングをする

　なりたい自分の姿を、五感を使ってありありとイメージしてください。イメージトレーニングを繰り返していくと、イメージ通りのものが、瞼の裏に見えるようになります。ここまでイメージできるようになると、イメージしたことが潜在意識にインプットされ、潜在意識がその願望を叶えようとします。

↓
Point　変性意識に入りやすくするには、
弛緩と緊張の繰り返し、瞑想、イメージトレーニング
という3つの習慣が効果的。

---

20 成功への最短ルート 「願望達成法」

　成功するためには、イメージトレーニングを活用し、自分の潜在意識に願望をしっかり植えつけましょう。おすすめの方法を4つ紹介します。

　1つ目は「単語法」。
　毎日寝るときに、決まった単語を思い浮かべる習慣にして眠る方法です。たとえば「富」と一言思い浮かべると、宝くじ当選を引き寄せることができます。
　ただし、ここで願うのは利他的なものでなければなりません。「当選したお金をすべて公共のために使おう」などと、利他的な願いをはっきりイメージしながら眠りましょう。

　2つ目は「祈念法」。
　祈りの言葉で間脳に指令を入れる方法です。1日3回、1回に15分、瞑想して祈ります。
　余命4カ月と言われた女性が、「自分のすべての器官と体全体をつくっている潜在意識の無限の知性は私を癒やすことができます。今、確実に癒やしつつあります。ありがとうございます」と、病がすっかり治って喜んでいるイメージをしたところ、6カ月後に完全に治癒した事例があります。

　3つ目は「一万遍口唱法」。
「治る治る、きっと治る」のように決まった言葉を、声に出して

1日1万回唱えることで、1〜2週間で唱えたことが実現するという方法です。

　この方法を実践し、3歳から続いていた小児ぜんそくを25歳で治した人がいます。

　4つ目は「ノート書き出し法」。

　ノートと鉛筆を用意して、寝る前にノート1ページに、願いごとを完了形で書きましょう。その後に床に入り、願いがすでに叶ったイメージをして眠ります。願いを言葉にすることで、イメージがより明瞭になり、願望が達成に近づきます。

　たとえば息子さんの小児ぜんそくを治したいなら、「息子の小児ぜんそくが治りました。ありがとうございます」と、願いを1ページいっぱいになるまで完了形で書き、息子さんがすっかり良くなったイメージをしてから眠りに入りましょう。

↓
Point　成功するためには、決まった単語を
　　　思い浮かべたり繰り返しつぶやいたりして、
　　　自分の潜在意識に願望を植えつけるとよい。

21 眠っている間に能力を引き出す「夢療法」

　人間の意識には「顕在意識」と「潜在意識」の２種類があり、起きているときは顕在意識が働いています。

　けれども顕在意識の能力は、いくら働かせても、すべての能力のうちわずか３％にすぎません。**驚くような能力を隠し持っているのは、潜在意識なのです。**

　それなのに多くの人は、こうしたことを知らず、夜はただ眠って、潜在意識の力を使うことなく過ごしています。
　大昔の人は、眠っているときの人間の大きな治癒力をよく理解しており、夢療法を行っていました。夢療法でありとあらゆる病気が治ったことが、神殿の壁に刻み込まれています。

　病気で苦しんでいるお母さんのために夢療法を行いたいなら、次のようにしましょう。

　まず、寝ているお母さんの体をさすりながら、「あなたには病気を治す力があります」と言います。
　続いて「あなたの体に今、宇宙エネルギーが流れ込んでいて、悪いところへ届き、悪いところを消していきます。痛みが消え、血液がきれいになり、細胞が甦ります」と言います。
　その後、「あなたは夢を見ています。夢の中で、あなたはすっかり元気になって、あなたにとって楽しいことをしています」と

言いましょう。ここでのポイントは、具体的に、お母さんにとっての「楽しいこと」を挙げるようにすること。旅行が好きなお母さんなら「夢の中で、あなたはすっかり元気になって、あちこち旅行しています」といった具合です。

　最後に「ほーら、もう治ってしまった」と言います。

　これを５分間、繰り返しましょう。昼でも夜でも、お母さんが寝ている間であれば、いつでもかまいません。体をさすり続けながら、１日に何回でも「夢療法」をしてあげてください。きっとお母さんの病気は良くなって、実際に旅行を楽しめる日がやってくるはずです。

↓　**人間が眠っている間は「潜在意識」が働いている。**

Point　多くの力を秘めた潜在意識を働かせるには、
　　　　　夢療法が効果的である。

第3章

―――――

仕事の成果を
何倍にもする
イメージトレーニング

22 仕事前の新習慣 「5分間瞑想」

　近年、瞑想が大ブームを巻き起こしたことをご存じでしょうか。『世界のエリートがやっている 最高の休息法「脳科学×瞑想」で集中が高まる』（久賀谷亮、ダイヤモンド社）や『頭を「からっぽ」にするレッスン 10分間瞑想でマインドフルに生きる』（アンディ・プディコム著、辰巳出版）などといった書籍がベストセラーになり、後者にはマイクロソフトの創業者であるビル・ゲイツが推薦文を寄せています。

　また、アップル創業者の故スティーブ・ジョブズが瞑想を愛し、自宅に瞑想ルームを備えていた話や、芸術家のレオナルド・ダ・ヴィンチが瞑想によってすばらしい作品を残したという話も有名でしょう。

　こうしたブームにより、最先端のビジネスパーソンは仕事の成果を上げるために、こぞって生活に瞑想を取り入れています。瞑想は、人間本来の正常な働きを心身に回復させる健康法であり、また同時に自分のクリエイティビティを引き出し、仕事のインスピレーションを獲得するツールでもあるからです。

　瞑想のやり方は非常に簡単。職場などでただ目を閉じて、5分程度黙想するだけでOKです。
　瞑想の初心者は、誘導用のCDやアプリなどを活用してもかまいません。最初は苦労するかもしれませんが、日頃から習慣づけておくと、やがて目を閉じただけですぐに瞑想状態に入れるよ

うになります。

・仕事のヒントを「５分間瞑想」で得る

　モノが溢れた現代においては、他にないユニークなサービスや
アイデアが求められます。それでもあなたは、仕事のアイデアが
なかなか浮かばず、いつの間にかスマートフォンに手が伸びてし
まったり、優先度の低い仕事ばかりしてしまったりすることがあ
るのではないでしょうか。

　仕事のアイデアや良いヒントを得るには、クリエイティブな頭
脳が欠かせません。そのためには、ひらめき脳である右脳を活性
化させ、リラックス状態と集中状態をつくる必要があります。

　では、どうすれば右脳を働かせることができるのか。
　そのカギとなるのが「瞑想」です。

　右脳を働かせるためには、理屈の脳である左脳を休める必要が
あります。
　左脳の脳波はβ波といって、１秒間に14回以上も振動する忙
しい脳波です。別名、ストレス波とも言われています。
　一方、右脳が働くときの脳波はα波で、左脳の半分の１秒間に
７〜８回のゆったりした脳波です。

　右脳を働かせたいと思ったら、まず呼吸を整えてください。息
を深く吐いて心を落ち着かせてリラックスすると、体が自然に瞑
想状態になります。息を吐いて、吸う。この呼吸を数回繰り返す
ことで心身がリラックスし、瞑想状態に入れるのです。

心身ともにリラックスしたら、意識の焦点を現在のテーマに合わせてください。

「集中している状態＝緊張している状態」と思っている人もいるかもしれませんが、**アイデアが次々に湧いてくる創造的な集中状態とは、実は緊張状態ではなく「リラックスの中の集中状態」のときなのです。**

　瞑想を続けて慣れていくと、瞑想の後にどんどんひらめきが生まれるようになります。

　ここで大事なのは、**ひらめいたら必ずメモを取ること。** アイデアは記録され、アレンジされ、行動に移されて初めて価値を生みます。瞑想するときは、そばに筆記用具を置いておくことをおすすめします。

　瞑想によってリラックス状態に入り、右脳を活性化させることこそ、クリエイティビティを引き出す最短ルートとなるのです。

・「疲れたらストレッチと瞑想」を合言葉に

　何時間もオンライン商談が続いた。

　書類仕事にかかりきりになった。

　重要なプレゼンテーションをやっと終えた……。

　こんなときは、頭が緊張状態になり、すっかり疲れてしまっています。

　まずは、体を軽く動かしてリラックスしましょう。おすすめはストレッチです。簡単なものでかまいません。座ったまま両腕を上げて、ぐっと伸ばします。気持ちのいいところで数秒間ストップしましょう。

次は、首を右に倒し、右手で頭の左側を軽く押さえます。反対側も同様にしてください。その後、頭を上下に軽く動かします。凝り固まっていた首と頭が伸びるでしょう。

　続いて、腰のストレッチです。体を左右に軽く傾けて、気持ち良いところでストップします。

　ここまですると、疲れがかなり取れているはずです。

　もう少し時間があるようなら、立ち上がって部屋の中をぐるぐる歩き回ってみたり、お手洗いに行ったり、飲みものを買いに行ったりしましょう。

　下半身を動かすと、体が格段にほぐれるものです。もし余裕があれば、屈伸をしたり、スクワットをしたりすると、さらにリラックスできることでしょう。

　ストレッチをして心身がほぐれたら、最後に瞑想です。

　5分間程度、じっと目を閉じてみてください。<u>たった5分間ですが、やがてこの5分間が何十倍もの価値を持つことに気づくはずです。</u>

仕事前の「5分間瞑想」を習慣にしよう。

Point　ストレッチとセットでリラックス状態に入ると、
　　　　仕事のアイデアがどんどん湧いてくる。

23 ひらめき力を磨く 4つの習慣

　前項では、瞑想によってリラックス状態に入り、クリエイティビティを引き出す方法をお伝えしました。

　ここでは、ひらめき力を磨く習慣をさらに4つ紹介しましょう。

・習慣① 「モーニング・ノート法」

　創造性を開発するにあたって「ひらめき」は不可欠ですが、これは普通の発想法のように、その場で「ひらめく」ものとは違う、と私は考えています。ひらめき体質になれるように、普段からトレーニングしておく必要があるのです。

　ひらめき体質になるための優れた方法が「モーニング・ノート法」です。

　「モーニング・ノート法」はとてもシンプルです。朝起きたらすぐ、夢で見た内容や頭にパッと浮かんだことをノートに書き出すだけです。

　ポイントは「モーニング・ノート法」専用のノートを用意すること。自分が書いていてわくわくするような、朝起きるのが楽しみになるような、そんなお気に入りのノートを用意しましょう。

　ノートは枕元やベッドサイドに置いておき、朝起きたら、ノート1ページに夢で見た内容や頭にパッと浮かんだことを書き出します。

　はじめのうちは、夢を覚えていなかったりして、書き出す内容

がほとんどないかもしれません。そんなときは、頭に浮かんだことを書き連ねるだけで OK です。

「モーニング・ノート法」が習慣づくと、どんどん内容が充実し、インスピレーションに満ちたものになることでしょう。

では、なぜ「モーニング・ノート法」でひらめき体質になれるのでしょうか。それは、「ひらめき」は右脳の能力ですが、右脳が活発に活動しているのは、左脳の邪魔が入らない、寝ている間だからです。寝ている間は潜在意識と深くコンタクトしていますから、寝ているときは誰でも、豊かにひらめいているのです。

しかしほとんどの人は、その豊かなひらめきを自覚しておらず、寝ている間にひらめいたことを思い出せません。その理由は、目を覚まして左脳の意識が活発に働き出すと、夢を見ていたことや、その記憶を失ってしまうからです。

ひらめき力を求めて「モーニング・ノート法」を実践したＴ・Ｙさんのエピソードを紹介しましょう。

Ｔ・Ｙさんはあるメーカーの製品開発部に所属していますが、なかなか新商品や新規事業のアイデアが浮かびませんでした。

ですがあるときから、枕元にノートと鉛筆を置くようにして、「新商品や新規事業のアイデアを夜寝ている間に考えてほしい」と右脳に頼んで寝るようにしました。新たなアイデアを得るために、寝がけに右脳に問題を渡し、寝ている間に解いておいてもらうイメージです。

この習慣を取り入れてしばらくすると、明け方に目を覚ま

すたびに見事なアイデアが出てくるようになり、それをノートに書き留めて製品開発に役立てているそうです。もうアイデア枯渇に悩むことはありません。

　右脳の能力の最大の持ち味は直感であり、ひらめきです。右脳が導いてくれた直感やひらめきが世の中を変えることも少なくありません。あらゆる発明や発見は直感やひらめきに支えられているからです。

　ビジネスにおいて、売れる商品や伸びる新規事業を考案するときにも、やはり直感やひらめきが大きな役割を果たします。「モーニング・ノート法」を習慣にして、ひらめき力に秀でたビジネスパーソンになりましょう。

・習慣② 「右脳アート学習法」

　次に、絵の力を利用した右脳開発法です。意外に思う人もいるかもしれませんが、絵画には独特の右脳開発の力があります。

　以前、「大人の塗り絵」が大ブームになりました。名画や植物などが「塗り絵帳」に描かれている書籍を購入し、その枠の中を自由に塗っていくのです。

　自宅で手軽に楽しめて美しい絵が出来上がるだけでなく、脳の活性化に役立つとうたわれていたことで、老若男女問わず人気があったように記憶しています。

　実は「大人の塗り絵」がブームになる前、同様の企画が私のところに持ち込まれたことがありました。

　私の手法はあくまで「大人の右脳開発」でしたから、ただ塗り絵をするのではなく、右脳の残像訓練（イメージの再現）になる

方法を提案したのですが、出版社側のイメージしたものと合致しなかったようで、企画は流れてしまいました。

　絵画を通して創造力を高めるには、イメージ力を育てるプロセスが必要です。手本を見てその通りに色を塗る「塗り絵」は、手軽に楽しめるというメリットはあるものの、「イメージ力を育てる」目的にはかなっていません。
　イメージ力を育てたいのであれば、「右脳アート学習法」を取り入れてみてください。これは、目で見たものの色や形を、目を閉じて、想像の中で再現するというものです。
　自宅はもちろん、出先などでも手軽に取り組めます。この「右脳アート学習法」を極めたものが、いわゆる「完全記憶＝写真記憶」です。

　日本画を革新し続けたことで知られる画家、横山大観は、写真記憶の力を持っていたとされています。彼は絵を描くとき、一般的な画家とは異なり、下絵を描くという作業をしませんでした。描く対象をしばらくの間じっと観察し、家に帰ってそれをそのまま再現したそうです。

　右脳の力は、イメージ力です。「右脳アート学習法」で、あなたの想像力、イメージ力を伸ばしてください。

・習慣③「高速音楽法」
　次に、音楽の力を利用した右脳開発法を紹介しましょう。それは、高速で再生した音楽を聴く方法です。

「高速で音楽を聴くなんて」と、従来の常識を超えたこの方法に驚く人もいるかもしれませんね。ですが、<u>高速で音楽を聴くことで右脳が刺激され、想像力が高まり、創造力が開発されるのです。</u>

特に、高周波を多く含んだモーツァルトの音楽には、右脳を刺激する効果があることがわかっています。

<u>父・七田眞は、モーツァルトの音楽を2倍から32倍までの高速で再生し、右脳を短時間で覚醒できるメソッドを開発しました。</u>

この方法で音楽を聴くと、通常の音とは全く違った音が脳に入ります。最初は聴き取れないかもしれませんが、何度も繰り返していると、やがて聴き取れるようになり、右脳が覚醒していきます。

右脳を刺激する方法はいろいろありますが、聴覚を刺激するこの方法は、非常に効率的です。聴覚情報は右脳を超えて、間脳にまでダイレクトに伝わるからです。

間脳は右脳と左脳をコントロールする脳であり、生命の根幹でもあります。ここが活性化されれば、生命力が高まり、創造力が開発されるのです。

・**習慣④「ダ・ヴィンチ・マップ法」**

最後に紹介する右脳開発法は「ダ・ヴィンチ・マップ法」です。

考えたいテーマが「新企画」だとすると、紙の中央辺りに円を描き、その中に「新企画」と書きます。「新企画」と書かれた円を眺めていると、頭の中にいろいろな単語が思い浮かんでくるでしょう。何か思い浮かんだことがあったら、「新企画」の円から

直線を伸ばして別の円を描き、その中に書きます。「顧客満足」「電気製品」……などといった具合です。

　さらに「顧客満足」「電気製品」と書いた円を眺めていると、また別のキーワードが浮かんでくることでしょう。その円からさらに直線を伸ばして、思い浮かんだキーワードを書き連ねていきます。

　これを繰り返すと、どんどん発想が活性化していくことでしょう。

　この「ダ・ヴィンチ・マップ法」は、人間の脳内のシナプスが情報のネットワークをつくっていく様子を形にした、創造的で優れた右脳開発法です。異なる要素を関連づけ、それを結び付けて新しいパターンをつくっていくと、発想力は無限になります。

　何か考えたいテーマがあるときには、紙の中央に円を描き、その中にそのテーマを書いてみましょう。不思議なことに、どんどん発想が広がっていくはずです。

↓
Point | ひらめき力を引き出すには、
モーニング・ノート法、右脳アート学習法、
高速音楽法、ダ・ヴィンチ・マップ法が効果的。

24 イメージ力を使って 「段取り上手」になる

　仕事の完成を大きく左右するものに「段取り」があります。周りを見渡してみると、仕事ができる人はみんな段取り上手なのではないでしょうか。

　段取りとは、仕事の流れを見通して完成までの道筋を予測するもので、その良し悪しは右脳のイメージ力の使い方に左右されます。

　<u>右脳のイメージ力が適切に働いていると、仕事の成果から逆算して、効率的な手順を踏んだり、人・モノ・お金・情報などといった要素を、前もって準備したりすることができるのです。</u>

　仕事の段取りは、ゴールを正確かつ明確にイメージできれば、ほぼ完全になるものです。

　ただし現実には予想できないことが起きますから、実際には段取りできるのは八分くらいでしょう。それでも、段取りをきちんとできるのとできないのでは、仕事の結果に大きな差がついてきます。

　では、どうすれば「段取り上手」になれるのでしょうか。

　それは、最初に「仕事のゴール」をリアルにイメージすることです。これを何度も繰り返してください。

　新商品を売り込むプレゼン資料、大型企画の受注、優秀な人材の採用……。可能な限り細部に至るまで、そのゴールをイメージ

します。画像やイラストなどを使って、そのイメージを具現化してみるのもいいでしょう。

そしてその次に、「仕事のゴール」に至るまでの「手順」を一つひとつイメージします。ここでもリアルさが重要です。一つずつ、実際に手順を追っているつもりでイメージしてみてください。

最後に、そのイメージと手順に沿って仕事をスタートさせます。

・カギは「ビジュアル的にイメージすること」

多くのビジネスパーソンは、仕事をする際、きっとゴールを意識していることでしょう。でもそれは、ビジュアル的なイメージではありません。

せいぜい「今月中にあと２件受注する」「作りかけの資料を完成させる」「人気番組に新サービスを取材してもらう」といった程度のもので、それは言葉の域を出ていないのです。そして、多くの仕事がなりゆきで進んでいきます。

ところが、ゴールをビジュアル的にイメージできるようになれば、進むべき方向や次にやるべきことが完全にクリアになります。
「今月中にあと２件受注する」であれば、どの商品・サービスを、どんな企業の、どんな事業部の、どんな人に売り込むのか。

売り込んでいるときの自分はどんな表情で、相手はそんなあなたの言葉をどんな様子で聞いているのか。

どのような質疑応答が行われ、そのときあなたはどんな気持ち

でいるのか。

　相手先のオフィスを出た後、どの駅から、どのように電車を乗り換えてオフィスに戻るのか。

　そのとき、どんなことを考えているのか。

　帰社した後、どんなお礼メールを送り、先方はそれに対してどう返信してくるのか。

　その後、具体的にどのようなやり取りを経て、あるいはどのような苦労をして、受注に至るのか。

　受注の際、あなたはどんな表情をしていて、上司からどんな言葉をかけられるのか。

　さて、みなさんはどのくらい具体的に思い描けたでしょうか？ **ここまで具体的にイメージできているからこそ、今のあなたに足りないものが自然と見えてきて、そのギャップを意識的に処理できるのです。**

　どんな仕事にも、期限という時間の制約が必ずあります。「いつまでに」「何を」「どのように」完成させるという個々の小さな目標が達成されて初めて、ゴールに到達できるのです。

　まずはゴールから逆算して、どのような小さな目標を達成する必要があるのか、一つひとつ確認しましょう。

　ルネサンス時代、天才レオナルド・ダ・ヴィンチのライバルだった彫刻家に、ミケランジェロがいます。

　彼は傑作「ダビデ像」をどのように彫り上げたのかと聞かれて、「大理石の中にダビデの姿が見えた。私は余分な石を取り除いたのだ」と語っています。これはミケランジェロが、完成した像を、

はじめにイメージしていたことを示しています。天才も、ゴールから逆算して動いていたのです。

・「未来思考」の2つのメリット
　ここで、未来思考という言葉を紹介しましょう。
　未来思考とは、「ゴール（未来）から発想・思考して現在を考える」思考法です。

　私たちは通常、現在から未来を考えます。時間の自然な流れに従って、「現在から未来にかけて何をする」という形で仕事を進めていきます。
　しかしこの進め方では、仕事の完成度や達成感がぼんやりしています。いきあたりばったりになってしまいがちだからです。

　これを転換するのが「未来思考」です。未来思考には2つのメリットがあります。
　1つ目は、未来の達成の姿やシーンをイメージし、それを実感しながら仕事ができること。
　2つ目は、仕事を辛く感じることなく、むしろわくわくしてこなせることです。

　未来思考が身につけば、仕事が楽しくなります。人生において仕事が占める時間は長いものですから、仕事の時間が充実していれば人生も充実することでしょう。
　逆に、仕事が辛ければストレスいっぱいの人生になってしまいます。仕事の時間をどう過ごすかが、人生を天国にも地獄にもするのです。

未来思考をマスターして、人生をより楽しいものにしましょう。

　ここで、イメージ力を使って仕事の成果を上げたＥ・Ｓさんのエピソードを紹介します。

　　Ｅ・Ｓさんは商品開発と市場開発が専門ですが、時代の変化があまりに激しいため、ユーザーのニーズを捉えることができず、これといった企画を出せずにいました。
　　悩んだ彼は「時代の変化に追いつくため自分のイメージ力を強化したい」と考えて、毎日10分ほどのイメージトレーニングを取り入れたそうです。以来、自宅の仏間でイメージトレーニングをしているうちに、イメージがどんどん湧き出し、ユーザーの笑顔が見え、仕事が繁盛しているのが見えるようになりました。
　　それに付随するようにして、改善策や次のアクションが見えてきて、その通りにやってみると商品がどんどん売れるようになったそうです。

　右脳のイメージ力をうまく使って仕事の業績を上げた好例だと言えるでしょう。

・心のスクリーンに映像を流そう
　12ページで、私は「右脳の『心のスクリーン』に、自分がサッカーの練習をしている様子をイメージすると、実際に練習したのと変わりない効果があります」と書きました。

右脳は「イメージ脳」と呼ばれ、あなたがイメージすると、その通りのことを実現するという働きがあります。**何かをイメージすることは、「心のスクリーンに映像を流す」のと同じようなことなのです。**

何かをイメージし、その未来を実現させようとするときは、右脳の「心のスクリーン」に映像を流すつもりで取り組んでください。映像が難しければ、まずは「心のスクリーン」に絵を描くようなイメージでもいいでしょう。つまり静止画です。**あなたが望む未来の静止画を、「心のスクリーン」に描いてみてください。**

慣れてきたら、静止画から映像にレベルアップします。あなたが実現させたい未来の前後のシーンもあわせて、登場人物を一人ひとり動かしてみましょう。

以下の質問をヒントにしてみると、映像の解像度が上がるのではないでしょうか。

・どんな場所にいますか？

・まわりにいるのは誰ですか？

・その人はどんな表情ですか？

・何か発言している人はいますか？

・あなたはどんな気持ちですか？

↓ **仕事の完成度は段取りによって左右される。**

Point ゴールの様子をビジュアル的にイメージし、
現状とのギャップを埋めるように行動すべき。

25 夢が叶う 「ノート1ページ書き出し法」

　続いて、ノートを使って夢を現実にする<u>「ノート1ページ書き出し法」</u>を紹介しましょう。

「ノート1ページ書き出し法」は、名前の通り、<u>毎日ノート1ページに夢や目標を書き出すメソッドです。</u>このメソッドを習慣化することで仕事がどんどん入ってくるようになったSさんからの体験談を紹介しましょう。

　私は長野県に住む自営の者です。私も驚くべき体験をしたので、うれしくなってお便りする次第です。

　子供もが新しく習いごとを始めたのは知っていましたが、月謝もかかるので、何度も「やめてほしい」と言っていました。けれども妻は、「やめさせたくない。私の独身時代のお金を使うから、いいでしょう？」と言うばかりです。

　自営の仕事が順調なうちはよかったのですが、不景気によって仕事が入ってこなくなり、収入が減ってしまいました。あらためて妻に「子供の教育より生きていく方が大切だから、習いごとはやめたらどう？」と言っても、やはり「私はこの教育をしたいの」と主張します。

　妻と子の希望を叶えてやりたいのはやまやまですが、先の見込みもないし、どうしようもありません。いよいよ困ってしまい、妻に「お願いだから、やめてくれないか」と頼んだ

ところ、「どうしてもって言うのなら、あと3カ月続けさせて」と言われ、しぶしぶOKしました。

　私の仕事は建築関係です。不況の真っ只中に突入してしまったので、今、手掛けている建築が終わったら今度はいつ仕事が来るのだろうと思って落ち込んでいました。

　するとそのとき、電話が鳴りました。出てみると仕事の依頼です。「同業者が相次いで倒産している最中なのに新しい仕事がもらえるなんて」と、非常に驚いてしまいました。

　実は妻は、「ノート1ページ書き出し法」を実践していたのです。ノートに「夫の仕事が順調で生活が安定しています。ありがとうございます」と書き続けていたのだそうです。

　今は、先の仕事を3件も抱えています。同業者にも「ノート1ページ書き出し法」を勧めます。ありがとうございました。

Point ↓ **夜寝る前に、願いごとがすでに成就しているかのようにノートに書きつけ、それに感謝の言葉を添えよう。**
願いが叶っている様子をイメージすると、さらに効果的。

---

26 成功者に近づける 「モデルなりきり成功法」

　ここでは、イメージの力を用いて成功者に近づけるメソッド「モデルなりきり成功法」を紹介しましょう。

　天才たちは、私たちの「成功のモデル」だと言えます。もしあなたも成功したいなら、成功者をモデルにしてみましょう。彼ら彼女らは、人間の中にある潜在能力を開花させて、形にして見せてくれている存在です。

　あなたの憧れの成功者は誰ですか？　あなたが研究者なら、ノーベル賞の受賞者が思い浮かぶかもしれません。スポーツ選手なら、オリンピックに出場するような選手たちに憧れているでしょう。ビジネスパーソンであれば、スティーブ・ジョブズやビル・ゲイツ、柳井正さんなどが思い浮かぶはずです。

「この人になりたい」と思える成功者を思い浮かべたら、その人になりきってみてください。

　現代の情報社会において、相手になりきるための情報はあらゆるところに転がっています。その人のSNSをフォローしたり、出演しているテレビ番組を繰り返し見てみたり、イベントやトークショーに参加してみたりすると、相手のリアルな姿に迫ることができるでしょう。

　特に現代に生きる天才であれば、生の情報が集めやすいはずです。

それでは、もし憧れの人が亡くなっているなど、リアルな情報が集めづらい場合には、どうしたらいいでしょうか？　私がおすすめするのは「成功者の伝記」に触れることです。

　伝記には、成功者の生い立ちはもちろん、成功や失敗のストーリーがふんだんに詰まっています。伝記を読み、その人の人生を追いかけることで、たくさんの情報が集まることでしょう。

　天才や有名な成功者の伝記を通して、彼ら彼女らの思考、感情、行動を丸ごと学び取りましょう。思考、感情、行動を自分のものにするのです。

　具体的には、以下のように取り入れてみるといいでしょう。

・成功者の口癖を真似する
・成功者の服装を真似する
・成功者の生活パターンを真似する
・「あの人ならどうするだろう？」と常に考えて行動する
　など

　このように、その人になりきっているうちに、相手の思考、感情、行動が完全にあなたのものになります。<u>相手のコピーのような存在になれれば、成功はすぐそこに近づいているでしょう。</u>

憧れの成功者になりきろう。

Point　SNSやメディアなどを活用して情報を集めたり、
　　　　伝記を読んだりするのも効果的。

27 イメージトレーニングで 理想の人に近づく

前項では、憧れの人に近づくための「モデルなりきり成功法」を紹介しました。続いては、イメージトレーニングの力を借りて憧れの人に近づく「モデル思考法」を紹介したいと思います。
「モデル思考法」とは、自分がその人のようになりたいと思う人物をモデルに選び、その人物になりきったイメージをして、その人物の技能や技術、才能を身につけるイメージトレーニングです。

創造力開発の世界的権威であるウィン・ウェンガー博士は、創造力開発セミナーでメアリーという女の子に「モデル思考法」を実践させました。
メアリーはそれまで、バイオリンに触れたことさえありませんでした。彼女は世界的なバイオリニストだったヤッシャ・ハイフェッツをモデルに選び、イメージの中でハイフェッツになりきってバイオリンの練習をしました。「モデル思考法」を実践して２週間後、みんなの前に出て演奏したところ、あまりに見事な演奏ぶりに誰もが驚いたのでした。

こんなエピソードもあります。

中川英二郎さんは天才的なトロンボーン奏者です。
中川さんは５歳のとき、テレビでトロンボーンが演奏されるのを見て、トロンボーンを習いたいと両親に申し出ました。中川さんの父親は音楽家です。彼は友人に貸していたトロン

ボーンを返してもらうことにしました。

　そのトロンボーンが戻ってくるまでの間、中川さんはイメージの中でトロンボーンを練習し続けました。1週間後、トロンボーンが戻ってきて、初めて本物の楽器で演奏したとき、その見事な演奏ぶりは両親が腰を抜かすほどだったそうです。

　ここまで何度もお伝えしてきたように、脳は実際の練習とイメージ上の練習を区別しません。

　当然ながら、実際の練習よりはイメージ上の練習のほうがより完璧です。どんなテクニックも、イメージの中であれば簡単にできるでしょう。

　だから、右脳のイメージ力を使うと、人は天才的な能力を容易に発揮できます。そして、イメージトレーニングを続けるうちに、現実でもその能力が身につくのです。

　「モデル思考法」が効果を発揮するのはもちろん芸術ばかりではありません。ビジネスにおいても、天才経営者や天才営業パーソンなどになりきれば、その能力を身につけることができます。

　さあ、イメージトレーニングの始まりです。誰をモデルにするか、決めてください。その人と一体になって、その能力のイメージをしましょう。

　まず目を閉じ、大きく息を吐き出して心を落ち着かせます。
　次に息を深く吸い、リラックスを深め、脳の疲れが消えていくというイメージをしましょう。

はい、吐いて。疲れがスーッと抜けていきます。

　はい、吸って。足の底からエネルギーが入ってきて、背骨を伝わって頭のてっぺんから抜けていくイメージをしましょう。

　はい、吐いて。エネルギーが頭のてっぺんから入ってきて、足の底から抜けていくイメージをしましょう。

　はい、吸って。足の底からエネルギーが入ってきて、頭から抜けていきます。

　はい、吐いて。頭のてっぺんから入って体内を洗ったエネルギーが足の底から抜けていきます。

　さあ、もう一度、繰り返しましょう。

　はい、吸って。エネルギーが足から入ってくる。

　はい、吐いて。エネルギーが頭のてっぺんから入って足の底から抜けていく。

　さあ、とてもリラックスが深まりました。呼吸を普通に戻して、さらにリラックスを深めましょう。

　今度は体の各部に意識を集中させて、そこから緊張を抜いていきます。さあ、右足に意識を持っていって「足が重く、とても温かくてリラックスしている」と暗示しましょう。

　次は左足に意識を持っていって「足が重く、とても温かくてリラックスしている」と暗示しましょう。

　次は胃に意識を持っていって、「そこがリラックスして温かく安らかだ」と自己暗示しましょう。

　次は胸です。胸に意識を持っていって、そこから緊張が抜け、リラックスが深まり安らかだと自己暗示しましょう。

次は肩です。肩に意識を持っていって、そこから緊張が抜け、リラックスが深まり安らかだと自己暗示しましょう。

　次は右手。右手に意識を持っていき、肩から腕、肘、指の先までスーッと緊張が抜けるとイメージしましょう。吐く息に合わせてスーッと緊張を抜きましょう。

　次は左手。左手に意識を持っていき、肩から腕、肘、指の先までスーッと緊張が抜けるとイメージしましょう。

　次は首です。首の緊張がスーッと抜ける。

　続いて顔、唇、舌、喉の緊張がスーッと抜けていく。

　次は目の周り、こめかみ、額の緊張がスーッと抜けていくとイメージしましょう。

　頭の緊張がすっかり取れ、心も深く落ち着きました。さあ、とてもリラックスが深まりました。呼吸がゆったりしています。血圧が下がり、心もゆったりしています。脳波も α 波、β 波に代わり、イメージをつくるのに適した脳波が出ています。

　ここで自分の選んだモデルに自分が変身するイメージをしましょう。あなたはこれからモデルを見つけてイメージの中でそのモデルの通りに自分が成功しているイメージをしましょう。

　さあ、それでは覚醒です。10から0まで数えると気持ち良く覚めます。

↓

Point　「モデル思考法」は、芸術のみならず、ビジネスの世界でも使える。

理想の人になりきるイメージをしてみよう。

---

28 事務効率を上げる イメージトレーニング

　続いて、具体的なシーンに応じたイメージトレーニングを紹介しましょう。

　仕事においては、文書作成や経費精算などといった事務作業が不可欠です。**決して華やかな作業ではありませんが、毎日のように発生するものですし、こうした作業なくして華やかな仕事で成果を出すことはできません。**事務作業を効率良くこなせないと、他の仕事にかける時間がだんだんなくなっていくからです。
　事務作業をてきぱきとこなせることは、仕事ができる人になるための必須条件だと言えるでしょう。ここでは、事務効率を上げてくれるイメージトレーニングを紹介していきます。

　まず目を閉じ、ゆったりした気持ちで椅子に座りましょう。
　椅子に寄りかかり、足を床につけて、手を膝の上に置いてください。呼吸に意識を集中し、いつもよりゆっくり深い呼吸を7回繰り返しましょう。口から吐いて、鼻から吸います。

　さあ、ゆっくり深く口から吐いて。
　鼻からゆっくり深く吸い込んで。
　口から深く吐いて。
　鼻から深く吸って。
　口から吐いて。
　鼻から吸って。

口からゆっくり深く吐いて。もっと吐いて。

はい、吸って。深く吸って。

吐いて。

吸って。

口から深く吐きましょう。気持ちがとても落ち着いたでしょう。

はい、吸って。リラックスがぐんと深まりました。

はい、吐いて。

はい、吸って。とっても落ち着きました。

それでは呼吸を普通に戻してください。

あなたは今、イメージの中で山道をどんどん登っていきます。
頂上に近づくにつれて空気がますますさわやかになり、気持ちもリフレッシュします。

あなたの歩く山道の両側に生えている草花は、朝露にぬれ、ほのかなにおいを漂わせています。
やわらかい太陽光線があなたの体を暖かく包んでいます。鳥や虫の鳴き声が聞こえます。
山頂に近づくにつれて、眼下の景色は見晴らしが良くなり、遠くまで見渡せます。

あなたは山頂に着き、見晴らし台の一角で太陽に向かって大きく5回深呼吸をします。
深呼吸を繰り返すごとに、筋肉がリラックスし、心も静かに落ち着きます。

さあ、まず、深呼吸をしましょう。

吐いて。

吸って。

吐いて。

吸って。

吐いて。

吸って。

吐いて。

吸って。

吐いて。

吸って。

あなたは今、リラックスして非常に安らかな気持ちになっています。あなたの心は静かに落ち着いています。

あなたは今から、今日1日の仕事の段取りをイメージします。今日なすべき仕事をリストアップし、どの順番で片付ければ効率良く進むか、優先順位を決め、それからまずイメージの中で楽しみながら楽にこなしていきます。一つひとつの仕事が満足のいくでき栄えで仕上がっていくでしょう。

さあ、1日の仕事の終わりです。あなたの今日1日の仕事は、順調に片付きました。あなたは今、満足感を持って振り返っています。

それでは心の中で5から1までカウントし、静かに目を開けましょう。

このイメージトレーニングを終えると、事務効率が大きく上がり、気持ち良く仕事が進んでいくことに気づくでしょう。

　なお、前の章でもお伝えしましたが、**イメージトレーニングにおいては「イメージをより鮮明に描くこと」が重要になります。**
　イメージトレーニングを始める前に、あらゆる情報や知識を左脳に取り込んでおきましょう。実際の現場の下見をしておくのがおすすめです。描いたイメージが現実からかけ離れていると、イメージトレーニングの効果があまり期待できません。

　取引先での商談やプレゼンテーションであれば、現場の下見は難しいかもしれませんが、事務作業であれば簡単です。オフィスのあなたの席やいつも使っている道具、周りに座っている人、席から見える風景などを精緻に思い浮かべるだけです。
　さあ、試してみてください。

↓　　**華やかな仕事で成功するには、**
Point　**一見地味な事務作業を効率的にこなす必要がある。**
　　　イメージトレーニングで事務効率をアップしよう。

---

29 計算力を身につける イメージトレーニング

　あなたは数字に強い方ですか？

　会計や経営が専門の人であれば言うまでもなく、営業やマーケティングなどの仕事においても、数字を扱う力は必須です。数字のセンスがなければ、本来の仕事の足を引っ張るばかりか、周囲からの信頼も失ってしまいかねません。数字の計算は、より短い時間で、かつ効率的に行いたいものです。

　ここでは、計算力を身につけるイメージトレーニングを紹介しましょう。

　まず椅子に座り、目を閉じてゆっくりリラックスしてください。

　自分がすっかりリラックスしたことを感じたら、丹田呼吸を始めてください。丹田呼吸は20セット繰り返します。

　息を深く吐いて。8秒かけてゆっくりと息を吐きながら、マイナスの思いを全部吐き出しましょう。

　次は、息を吸ってください。息を吸いながら、下腹を膨らませ、宇宙のエネルギーが吸う息とともに体内に入ってきて、体内を満たすイメージをしましょう。これも8秒かけてゆっくり行います。

　さあ次は、息を止めて。体中の細胞が宇宙のエネルギーで洗われ、生来の健康な細胞に甦ったとイメージしましょう。8秒間、息を止めてください。

　ここまでの呼吸法を20回繰り返してください。

さて、ここからイメージの世界です。しっかり精緻にイメージしてください。

あなたは今、会社で会計事務をしています。

数字がたくさん並んでいる帳簿を見ているところです。数字を見ながら、素晴らしい速さで電卓を指で叩いています。あなたの計算には全くミスがないばかりか、誰よりも速く計算をします。

あなたは会計事務のプロです。自分の仕事にプロ意識を持ち、目の前の仕事に誇りを持って片付けていきます。

あなたの目は一目で帳簿全体を見渡し、おかしいところを見つけます。あなたの目にかかれば、おかしいところが一目でわかり、どこをどう改善すればよいかまで見えてきます。あなたの計算力は日に日に向上し、誰よりも速く正確な計算をします。

計算の答が正しく出ました。あなたは今、イメージの中で自分の仕事の出来上がりの完璧さに満足しています。誰もがあなたの会計事務の処理能力の高さに注目します。

あなたは自分の仕事のプロです。さあ、目を開けて実務に取りかかりましょう。

Point

あらゆるビジネスにおいて、数字のセンスは必須。

自分が会計のプロになったイメージトレーニングをして、計算力を向上させよう。

---

30 新商品をヒットさせる
イメージトレーニング

　次に紹介したいのは、新商品をヒットさせるイメージトレーニングです。マーケティング担当や商品開発担当の人は、ぜひお試しください。

　目を閉じてゆったりした気持ちで椅子に座りましょう。椅子に寄りかかり、足を床につけて、手を膝の上に置いてください。

　呼吸に意識を集中し、いつもよりゆっくり深い呼吸を7回繰り返しましょう。口から吐いて、鼻から吸います。

　さあ、ゆっくり深く口から吐いて。
　鼻からゆっくり深く吸い込んで。
　口から深く吐いて。
　鼻から深く吸って。
　口から吐いて。
　鼻から吸って。
　口からゆっくり深く吐いて。もっと吐いて。
　はい、吸って。深く吸って。
　吐いて。
　吸って。
　口から深く吐きましょう。
　ここまで来ると、気持ちがとても落ち着いているでしょう。

　はい、吸って。リラックスがぐんと深まります。
　はい、吐いて。

はい、吸って。

あなたはこれでとても落ち着きました。呼吸を普通に戻しましょう。

さあ、これからあなたの中の広い部屋に入っていくイメージをしましょう。そこは広く静かで、あなたの他には誰もいません。部屋の中央に机と椅子があり、机の上には習字道具が揃っています。

心を落ち着けて、改まった気持ちで書ける道具として、ここでは習字道具をイメージしていますが、万年筆とノートなど、他の道具でもかまいません。

あなたは硯に水を少し入れ、墨をゆっくりすり始めます。あるいは硯に墨汁を入れ、必要量を満たします。どちらでも好きなイメージをしましょう。

さあ、書く用意ができました。あなたは筆に墨をつけ、半紙に目標を書きます。

長期目標でも短期目標でもかまいません。目標を短く要約し、はっきりワンセンテンスで書きましょう。「○○という商品が出来上がり、大ヒットしました」という過去形で書くのがポイントです。

目標を過去形で書いたら、その横に「ありがとうございました」と書き加えてください。

ここまでできたら、筆を置きます。目を閉じて、その目標が達成されていく途中のシーンをイメージしましょう。

先ほどの例であれば、次のようにイメージしていくといいで

しょう。

　商品のイメージが湧いてきたところ。

　商品のイメージを具体化させて、わくわくしているところ。

　商品の企画書を楽しく作っているところ。

　商品の企画書が完璧に出来上がったところ。

　企画書を見せながら、上司にプレゼンテーションしているところ。

　上司があなたのプレゼンテーションを聞いて、「素晴らしい」と絶賛しているところ。

　商品の企画会議に出席して、関係各者に説明しているところ。

　商品のサンプルが出来上がってきたところ。

　サンプルを手に、いろいろな人と議論しているところ。

　さらに改良された、素晴らしいサンプルが出来上がったところ。

　出来上がった商品を手に取って、喜んでいるところ。

　商品のキャッチコピーを考えているところ。

　あなたの考えたキャッチコピーが絶賛され、Web サイトやチラシなどを華やかに飾っているところ。

　商品を手に、客先にプレゼンテーションをしに行っているところ。

　顧客が商品を絶賛しているところ。

　商品の問い合わせの電話が鳴りやまないところ。

「我が社のホープ」として、社内報でインタビューされているところ。

　周囲から期待され、昇進したところ。

「早く次のヒット商品を考えてくれ」と上司から頼まれているところ……。

一つひとつ、順を追ってイメージしていきます。

　さらには、その目標がすでに達成された状況をイメージし、関係者みんなでその達成を祝い、そうしてそのように達成したことを心から感謝している自分の姿をイメージしましょう。

　ここまでできたら、心の中でゆっくり５から１までカウントし、そっと目を開いてください。イメージトレーニングの完了です。

　さて、このイメージトレーニングの効果をさらにアップさせる方法があります。それは、半紙に目標を書いた後、その横に「目標が達成されました。ありがとうございました」と３回書くことです。

　毎日、寝る前にこれらを書いた後、目標が達成された状況をイメージする。これを習慣化しましょう。

　さらに日中も、スキマ時間を見つけては、口に出して「目標が達成されました。ありがとうございました」と唱えてください。

①「目標が達成されました」と完了形にすること。
②「ありがとうございました」と感謝の言葉を付け加えること。
③目標が叶った様子を鮮明にイメージすること。

　この３つが重要なポイントとなります。

↓
Point　寝る前に「目標が達成されました。
　　　　ありがとうございました」と3回書こう。

　　　そして、目標達成したところをイメージする。

31 速読を身につける イメージトレーニング

　情報が溢れる現代。私たちが1日に受け取る情報量は、江戸時代の情報量のおよそ1年分に相当するとも言われます。

　そうした時代において、私たちは、大量の情報を即座に取捨選択し、効率的に吸収していかなければなりません。そう、「速読」の技術は情報過多社会において不可欠な技術なのです。

　そこでこの項では、右脳を開いて速読スキルを手に入れる「1日30分の速読トレーニング」を紹介します。1日あたりわずか30分ですから、気軽に実践できて、仕事や勉強の気分転換にもなります。その結果は目覚ましく、急速に右脳が使えるようになって、情報を記憶するスピードが何倍にもなるでしょう。

　1日30分の速読トレーニングは、次の3ステップから構成されます。

［ステップ1］速読をしているイメージトレーニング
［ステップ2］アイ・トレーニング
［ステップ3］速読訓練

・ステップ1：「速読をしているイメージトレーニング」
　椅子に座り、目を閉じてリラックスします。
　深呼吸をしてください。息を吐きながら、邪気やマイナスの思いなど、体中の悪いものがすっかり出ていくイメージをしましょう。これに8秒かけます。

次に息を吸って、吸いながら宇宙のエネルギーがいっぱい体内に入ってくるとイメージしましょう。これにも8秒かけます。

　次は息を止めてください。宇宙のエネルギーが金色の光になって、自分をすっぽり包んでいるとイメージしましょう。これも8秒かけて行います。

　この呼吸法を3回から5回繰り返してください。

　ここまでできたら、普通の呼吸に戻して、自分がパラパラ本をめくり、速読に成功しているイメージをしていきましょう。

　本に書かれていることが勝手に目に飛び込んできて、記憶に残ります。試しに、本で読んだことを紙に書き出してみると、自分でも驚くほどどんどん書いていくことができます。

　このように、速読に成功しているイメージをした後、目を開きます。すると、イメージした通りに速読に成功するようになります。

・ステップ2：「アイ・トレーニング」

　アイ・トレーニングは、文字通り、目のトレーニングです。

　目には6つの眼筋があります。内訳は、4つの直筋（上直筋、下直筋、内直筋、外直筋）と2つの斜筋（上斜筋、下斜筋）です。

　アイ・トレーニングはこの眼筋の働きを活発にし、視野を広げることを目的としています。眼筋の働きを活発にして視野が広がると、ぱっと一目で文章を読み取る能力が高まり、速読力がアップするのです。

　アイ・トレーニングには、上下・左右・斜めと3種類の運動がありますが、顔を固定して視線だけで追うようにして、いずれも1日1回、1回30秒行うだけで十分です。

以下の運動は、93ページの図を参考にしてください。

[上下運動]
カードA上の線に沿って、視線を①から②へ、上下に素早く動かし、黒い点を順に追いかけていきます。それが終われば、今度は逆方向から上下させ、①に戻ります。10秒の間にこれを何度も往復します。10秒間で3往復以上が目標です。

[左右運動]
カードB上の線に沿って、視線を①から②へ、左右にできるだけ速くたどります。それが終われば、今度は逆方向へ向かって左右に視線を動かし、①に戻ったら再び同じ道をたどっていきます。10秒の間にこれを何回も繰り返します。10秒間で3往復が目標です。

[上斜・下斜運動]
カードC上の線に沿って、視線を①、②、③、④の順にたどり、続いて①、④、③、②と逆にたどります。この動きを10秒間行います。10秒間で15回、できれば20回以上が目標です。

・ステップ3：「速読訓練」

　速読訓練ではまず、本の内容を自分の声で録音します。その録音した声を4倍速で聴くようにしましょう。すると、本を読むスピードがその再生スピードと同じくらい速くなっていきます。

　速読訓練を行うと、訓練前より軽く3～4倍ほど、本を読むス

ピードが速くなっていることがわかるはずです。本を読むスピードが速くなるにつれ、頭の回転も速くなって、学習能力がアップしてきたことがわかるでしょう。

1日30分の速読トレーニングを続けていると、自動的に右脳が働き、単行本1冊をわずか5分程度で読破できるようになります。あなたも速読力を磨いて、ビジネス力をアップさせましょう。

A　上下運動

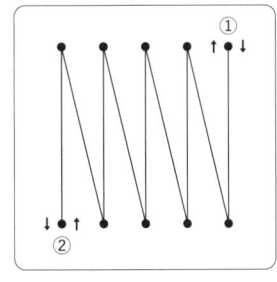

B　左右運動

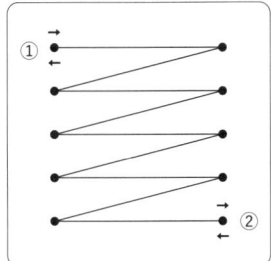

C　上斜・下斜運動

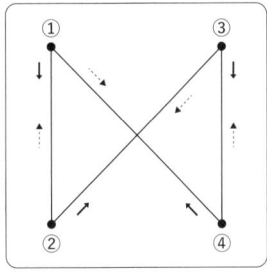

↓
Point

情報過多社会において、速読力は必須スキル。

1日30分の速読トレーニングを続けていれば、
単行本1冊をわずか5分で読破できるようになる。

第4章

「コミュニケーション力」
が高まる
イメージトレーニング

32 これさえ押さえればOK！
基本のイメージトレーニング

　イメージトレーニングはさまざまなシーンに応用できます。ここでは基本的なイメージトレーニングの方法を紹介しましょう。

　基本のイメージトレーニングは、まず瞑想して丹田呼吸を7セット行います。丹田呼吸では、まず椅子に座って目を閉じ、リラックスします。そして、深呼吸をしましょう。ゆっくり深く息を吐き出します。吐きながら体の中の悪いものがすっかり出ていくイメージをしましょう。これに8秒かけます。

　次に8秒かけて息を吸って、吸いながら宇宙のエネルギーがいっぱい体内に入ってくるとイメージしましょう。8秒息を止めて、宇宙のエネルギーが金色の光になって、自分をすっぽり包んでいるとイメージしてください。これで1セットです。その後に各場面に応じたイメージを心の中で展開するという流れです。

　つまり、**イメージの中で自分に合ったシーンを想定して、それがうまくいく想像をすればよい**のです。たとえば顧客と親しくなりたいなら、上司と話しているシーンを思い浮かべて、顧客と親しくなっている様子をイメージします。セールスで成果を上げたいなら、商談しているところを想像し、商談がうまくいくイメージをしましょう。

　ここで留意すべきは、「**右脳の意識レベルに入ってイメージしたことは潜在意識に刻印される**」ということ。

　つまり、潜在意識に深く刻みつけられたものは、あなたにとっ

て望ましいことであれ、避けたいことであれ、必ず実現します。望ましいことだけをイメージし、避けたいことはイメージしないように気をつけてください。これを「心の法則」と言います。

なお、イメージトレーニングの効果を高めたいなら、より正確で具体的なイメージができるようにしましょう。

そのヒントとなるのは、自分にとって利益になるような一方的なイメージではなく、相手の立場に立って、あらゆる情報を取り込んでイメージをつくるということです。

また、会場の下見をするのも効果的です。

たとえば、明日の会議でのプレゼンテーションを絶対に成功させたいとしましょう。そんなときは、必ず会議室の下見をして、以下のような項目を想定するのです。

・会議室の広さはどれくらいか？

・誰がどの席に座るのか？

・自分の席から見える景色はどのようなものか？

下見をしてこうした項目をシミュレーションしてみると、イメージがより正確なものになり、イメージトレーニングの効果がアップするはずです。

Point 基本のトレーニングの流れは、瞑想→7セットの丹田呼吸→その場面をイメージするというもの。
できるだけ正確なイメージをするのがポイントとなる。

---

33 イメージトレーニングの下準備。
「変性意識状態」への入り方

　イメージトレーニングにおいては、まず<u>右脳の意識状態を「変性意識状態」にした後、実現したいことをイメージします。</u>ここでは、変性意識状態への入り方の例を３通り紹介しましょう。

・変性意識への入り方①

　椅子に腰掛け、目を閉じ、ゆったりと心を落ち着かせます。

　次に、自分の眉毛を見るつもりで目を上方に向けましょう。

　さらに視線を上に向け、頭のてっぺんを見つめ、頭の後方上部へと眼球を回転させていきましょう。今、あなたの眼球は回転して、頭の後ろのほうを見ています。

　さあ、そこで息を深く吸って。

　止めて。

　さあ、目の力を抜いて息を吐き出しましょう。全身の力もすっかり抜きましょう。体が軽くなり、椅子から離れて空中に漂い始めたことを想像しましょう。あなたは今、空中を漂っています。

　なんだか素敵な感覚で漂っています。今度はふわりふわりと下に漂っていきます。そうして今、あなたは元の椅子に戻りました。

　さあ、あなたの右手に注意して。右手に大きな風船が結びつけられたとイメージしましょう。その手は膝から離れ、上へ上へと上がり始めます。あなたの意思に反してどんどん上に上がっていく。

ほーら、上がっていく。もっと、もっと上に上がる。どんどん上がる。

　腕がまっすぐ上まで伸びると、ひもが外れて風船が空高く飛んでいってしまいます。するとあなたの右手はスーッと下に落ち、右膝にピタリとくっつきます。

　そうしてあなたは深い変性意識に入っていく。どんどんくつろぎが深まり、眠くなっていく。これで、イメージが楽にできる状態の出来上がりです。

・変性意識への入り方②

　まず、あなたの足先に意識を向けた後、足先からすっかり緊張が抜けたとイメージしましょう。あなたのすべての足の指は緊張が抜け、重たく感じます。

　リラックスが次第に上に広がり、くるぶし・ふくらはぎ・膝へと広がっていきます。そのくつろぎがあなたの太腿・お尻・腰、そして胸に広がっていくのを感じましょう。あなたの呼吸は深まり、そして楽になっていきます。あなたはとても深くくつろぐ。

　そのくつろぎがあなたの肩に広がり、そこから腕・手首・手の甲・手のひら・爪へと広がっていくのを感じましょう。

　そこから逆に戻り、手のひら・手の甲・手首・腕・肩へとリラックスが深まっていきます。

　それからあなたの首・顔に広がり、あご・頰・目がすっかりく

つろぐのを感じましょう。目がくつろぎ、瞼がくつろいで、あなたの瞼は今とても重い。

目からリラックスがさらに広がり、眉毛・額・頭のてっぺん・頭の後ろ・あなたの首の後ろへとくつろぎが広がるのを感じましょう。

さあ、ゆっくり息を吸って。吸う息とともに宇宙のエネルギーが入り込み、あなたの体を満たすとイメージしましょう。

宇宙のエネルギーはあなたが深く息を吸い込むほどあなたの心を穏やかにし、リラックスさせます。あなたは息を吸うごとにますますリラックスが深まります。

・変性意識への入り方③
ゆっくり息を吸って。
ゆっくり息を吐いて。
吐きながら全身の力が抜けていくとイメージしましょう。

次に、額の中心（印堂と呼ばれるところ）に意識を集中しましょう。そうして意識を集中していると、体の緊張が取れていきます。

リラックスが頭のてっぺんから下へ下へと広がっていきます。額・顔の筋肉・首・肩・腕・手の先・胸から腰・両腿・足の先へと全身にリラックスが広がります。

ほーら、とてもよくくつろぎました。そうして、全身が重くなっ

ていくのを感じます。

　まず、瞼が重いのを感じる。瞼が重い。瞼が重い。頭も重く感じ、頭が前に垂れる。頭が前にすっかり垂れてしまう。だらんとした良い気持ちです。

　肩から腕が重く感じ、両腕がだらんと両脇に垂れる。
　足が重くなっているのを感じ、全身がぐったりしてくる。
　全身から力が抜けて、だらんとしている。
　音楽を聴いているように気持ちが穏やかになってくる。意識が体から抜け出して、雲の上にいるような気分です。

　体中の力が抜けていく。体はさらに重く、ぐったりしている。
　あなたは深く、深く潜在意識の底に降りていって、これまでになかったほど安らかに眠る。気持ちが良い。気持ちがとっても安らかだ。
　安らかに眠る。目は重く閉じている。瞼がさらに重くなる。全身がすっかりリラックスしている。筋肉の緊張も、精神の緊張も消えている。
　あなたはさらにリラックスします。

Point → 右脳の意識状態を「変性意識状態」にした後、実現したいことをイメージする。
変性意識状態への入り方は3種類ある。

---

34 気の合わない同僚との関係を良好にするイメージトレーニング

　ここからは、具体的なシーンに応じたイメージトレーニングを紹介していきましょう。

　まずは、<u>気の合わない同僚とうまくやっていくイメージトレーニング</u>です。

　まず、足先に意識を向け、足先からすっかり緊張が抜けたとイメージしましょう。あなたのすべての足の指は緊張が抜け、重たく感じられます。

　そのリラックスが次第に上に広がり、くるぶし・ふくらはぎ・膝へと広がっていきます。そのくつろぎがあなたの太腿・お尻・腰、そして胸に広がっていくのを感じましょう。あなたの呼吸は深まり、そして楽になっていきます。

　あなたはとても深くくつろいでいます。そのくつろぎがあなたの肩に広がり、そこから腕・手首・手の甲・手のひら・爪へと広がっていくのを感じましょう。

　そこから逆に戻り、手のひら・手の甲・手首・腕・肩へとリラックスが深まっていきます。それからあなたの首・顔に広がり、あご・頬・目がすっかりくつろぐのを感じましょう。

　目がくつろぎ、瞼がくつろいで、あなたの瞼は今とても重くなっています。目からリラックスがさらに広がり、眉毛・額・頭のてっぺん・頭の後ろ・あなたの首の後ろへと、くつろぎが広がるのを感じましょう。

さあ、ゆっくり息を吸って。吸う息とともに宇宙のエネルギーが入り込み、あなたの体を満たすとイメージしましょう。

　宇宙のエネルギーは、あなたが深く息を吸い込むほどあなたの心を穏やかにし、リラックスさせます。あなたは息を吸うごとにますますリラックスが深まります。

　気の合わない同僚と接するときは、どんな人でも、少しイライラしたりトゲトゲしたりしてしまうものです。相手に対するリスペクトが欠けてしまうこともあるでしょう。

　それでもまず、イメージの中で、あなた自身が変わりましょう。**イメージの世界で、相手と心を開き合って話している様子をイメージします。**

　そんなあなたの様子を見て、相手も変わります。2人の仲はぐっと親密なものになり、お互いが打ち解け合って、とても良い人間関係を築けるようになりました。

　このイメージトレーニングを続けるうちに、現実の関係性もすっかり変わることでしょう。

↓
Point 　**気の合わない同僚との関係も、**
　　　　　イメージトレーニングで変わる。

　相手と仲良くなっているイメージをしよう。

---

35 社交上手になれる イメージトレーニング

　あなたは外向的なタイプでしょうか。取引先の周年パーティーや友人の結婚式に招待されたとき、周りが知らない人ばかりでも積極的に交流できますか?

　もしあまり社交上手でないなら、イメージトレーニングで改善してみてはいかがでしょうか。

　イメージトレーニングの流れは、前項と同様です。

　足先に意識を向け、足先からすっかり緊張が抜けたとイメージしましょう。あなたのすべての足の指は緊張が抜け、重たく感じられます。

　リラックスが次第に上に広がり、くるぶし・ふくらはぎ・膝・太腿・お尻・腰、そして胸に広がっていくのを感じましょう。

　あなたの呼吸は深まり、そして楽になっていきます。

　あなたはとても深くくつろいでいます。そのくつろぎがあなたの肩に広がり、そこから腕・手首・手の甲・手のひら・爪へと広がっていくのを感じましょう。

　そこから逆に戻り、手のひら・手の甲・手首・腕・肩へとリラックスが深まっていきます。それからあなたの首・顔に広がり、あご・頬・目がすっかりくつろぐのを感じましょう。

　目がくつろぎ、瞼がくつろいで、あなたの瞼は今とても重くなっ

ています。目からリラックスがさらに広がり、眉毛・額・頭のてっぺん・頭の後ろ・あなたの首の後ろへと、くつろぎが広がっていくでしょう。

さあ、ゆっくり息を吸って。吸う息とともに宇宙のエネルギーが入り込み、あなたの体を満たすとイメージしましょう。宇宙のエネルギーは、あなたが深く息を吸い込むほどあなたの心を穏やかにし、リラックスさせます。
あなたは息を吸うごとに、ますますリラックスが深まります。

ここからはイメージです。
あなたは今、社交的な集まりに来て、初対面の人と気楽に話しています。あなたは無駄に緊張することなく、自分自身も楽しみながら、豊富な話題で相手を楽しませています。

あなたは社交上手で、社交的な場面ではいつも楽しい時間を過ごすことができます。あなたは自分の社交性に自信があり、社交的な場に招待されることを心待ちにしています。

このイメージトレーニングを重ねるうちに、あなたは自分がすっかり社交上手に変身していることに気付くことでしょう。

Point
イメージトレーニングで社交上手になれる。
変性意識に入った後、自分が社交的な集まりに来て、
楽しみながら周囲と交流しているところをイメージしよう。

---

36 商談や交渉を成功させる
イメージトレーニング

　商談や交渉を有利に進める能力は、ビジネスパーソンに必須です。 セールスを専門にしている方はもちろん、上司や同僚とのやり取りにおいても、自分の意見を納得させ、思い通りに行動させるスキルは欠かせません。

　このスキルを磨くにあたっても、やはりイメージトレーニングが大きな力を発揮してくれます。

　椅子に寄りかかり、足を床につけて手を膝の上に置きましょう。呼吸に意識を集中し、いつもよりゆっくり深い呼吸を7回繰り返します。口から吐いて、鼻から吸います。

　さあ、ゆっくり深く口から吐いて。
　鼻からゆっくり深く吸い込んで。
　口から深く吐いて。
　鼻から深く吸って。
　口から吐いて。
　鼻から吸って。
　口からゆっくり深く吐いて。
　もっと吐いて。
　はい、吸って。深く吸って。吐いて吸って。口から深く吐きましょう。気持ちがとても落ち着いたでしょう。
　はい、吸って。リラックスがぐんと深まったはずです。
　はい、吐いて。はい、吸って。とっても落ち着きました。それ

では呼吸を普通に戻しましょう。

　頭の中に部屋をつくり、その中に入ってください。その部屋はあなたの心身を支配する管理塔（コントロールタワー）です。

　あなたはその部屋の中心で、椅子に座り、リラックスし、瞑想しています。背骨のいちばん下の骨である仙骨から地球の中心に向けて、一筋の太いエネルギーのコードがスルスル伸びていくのが見えます。

　そのコードはどんどん伸び続けて地球の中心に達し、しっかり地球の中心とつながりました。あなたはもう地球の中心、大地の中心とつながったので、いつでも自信に溢れ、落ち着いて、商談や交渉をすることができます。

　さあ、あなたは今、落ち着いて大事な商談をしています。その様子を細かくイメージしてみてください。

　過去のうまくいかなかったシーンを振り返り、想像の中で修正した後、うまくいった場面をシミュレーションしましょう。最後は互いに満足して、握手している場面をイメージし、心の中で5から1までカウントして、静かに目を開きます。

　イメージトレーニングを終えると、自然と自信が湧いてきて、どんな商談や交渉でも緊張することなく対応できるようになっているでしょう。

Point **商談や交渉のスキルは重要なビジネススキル。**
落ち着いて商談や交渉をしている場面をシミュレーションし、スキルアップにつなげよう。

37 プレゼンを成功させる
イメージトレーニング

　会議というものは、仕事の中で意外なほど大きな割合を占めているものです。

　会議において重要なのは、効率的に行われて、明確な結論が出ることです。そうした会議運営のためには、参加者がポイントを押さえた発言をしなければなりません。**つまり、ポイントを押さえ、的確で理解しやすいプレゼンテーション力を備えた人は、組織の中で高く評価されるのです。**

　ここでは、会議での発表を成功させるイメージトレーニングをしましょう。

　椅子に座り、目を閉じ、ゆっくりリラックスして、丹田呼吸（84ページ）を20セット繰り返します。

　息を8秒かけて深く吐きながらマイナスの思いを全部吐き出しましょう。

　次に、8秒かけて息を吸いながら下腹を膨らませて、宇宙のエネルギーが吸う息とともに体内に入ってきて、体中を満たすイメージをしましょう。

　最後に、8秒間息を止めてください。体中の細胞が宇宙のエネルギーで洗われ、生来の健康な細胞に甦ったとイメージしましょう。

　ここまでを20回繰り返したら、あなたが会議室の席についているところを想像してください。周りには上司や取引先など、あ

なたのプレゼンテーションを聴く予定の人たちが座っています。その人たちはあなたが話し始めるのを待っているようです。

　あなたは落ち着いていて、プレゼンテーションが成功するという自信に溢れています。

　さあ、プレゼンテーションが始まりました。あなたは自信を持って話し始めます。

　説明はわかりやすく、要点がきちんと押さえられているので、誰もがしきりにうなずいています。

　プレゼンテーションを終えた後、みんな納得した顔を見せています。あなたは丁寧におじぎをして、周囲の人が拍手でそれを迎えました。

　今後、プレゼンテーションの機会があるときは、寝る前にこのようなイメージをしてから臨みましょう。そうすれば、落ち着いて話すことができ、きっと成功するはずです。

Point　**プレゼンテーション力の高い人は重宝される。**
プレゼンテーションの前夜、わかりやすい説明をする
自分をイメージしてから眠る習慣をつけよう。

---

38 部下の能力を引き出す
イメージトレーニング

　マネージャーの仕事は、部下たちの能力を引き出し、チームの成果を最大化することです。

　ところが、一口に部下と言っても、性格も能力もいろいろです。良好な関係が築けていて、「この仕事をしてください」と簡単に指示するだけで完璧に理解して成果を出してくれる部下もいれば、あなたのことを心から信頼しておらず、丁寧なコミュニケーションが必要な部下もいることでしょう。

　マネージャーは部下の一人ひとりをよく観察し、それぞれの性格や能力、相手との関係性に応じてコミュニケーションを使い分け、能力を引き出さなければならないのです。

　ここでは、部下とうまくコミュニケーションを取り、良好な関係性を築いて、相手の能力を引き出すイメージトレーニングを紹介します。

　椅子に座り、目を閉じ、ゆっくりリラックスしましょう。その状態で、丹田呼吸を20回繰り返します。

　息を深く吐いてください。8秒かけて深く吐きながら、マイナスの思いを全部吐き出しましょう。

　次は息を吸います。また8秒かけて吸い、下腹を膨らませます。宇宙のエネルギーが吸う息とともに体内に入ってきて、体中を満たすイメージをしましょう。

　次は8秒間、息を止めてください。体中の細胞が宇宙のエネル

ギーで洗われ、生来の健康な細胞に甦ったとイメージしましょう。

ここまでを20回繰り返したら、変性意識状態に入れているはずです。

イメージの中で自分の部下に接してみてください。

あなたは広い心を持ち、部下の短所やミスよりも、長所や努力している点に目を向け、それを積極的に褒めています。

部下は褒められたことであなたに心を開き、深く信頼し、あなたの期待に応えるためにいっそう努力しています。

イメージの中で、あなたとあなたの部下の心はすっかり通っています。部下はあなたに心を開き、あなたのために尽くそうとしています。

このイメージトレーニングを続けるうちに、あなたの部下はイメージ通りの姿に変わっていくでしょう。

イメージすれば必ずイメージした通りの変化が表れます。あなたと部下はイメージの中で心を通わせ合い、一体感を育てているのです。このトレーニングをするかしないかで、部下の働き、ひいてはあなた自身の評価に大きな差が生まれることでしょう。

Point **マネージャーの仕事は部下の能力を引き出すこと。**

イメージトレーニングによって部下との一体感を育て、
相手の心を開かせて、能力を引き出そう。

---

39 チームに優秀な人材を集める イメージトレーニング

　成果を出せるチームをつくるには、部下の育成が必要です。と言っても、一から人材を育てるのは大変なもの。「できるだけ優秀な人材を採用して、自分のチームに合う形に育てていきたい」と考えるのは当然のことでしょう。

　優秀な人を採用できれば、チームはおのずと伸びていき、チーム全体の士気も上がります。優秀な人材がほしい人は、次に紹介するイメージトレーニングにチャレンジしてみてください。

　椅子に座り、目を閉じてゆっくりリラックスしましょう。リラックスできたら、丹田呼吸を 20 回繰り返してください。

　息を深く吐きます。8 秒かけて深く吐きながらマイナスの思いを全部吐き出しましょう。

　次は息を吸ってください。8 秒かけて吸いながら、下腹を膨らませ、宇宙のエネルギーが吸う息とともに体内に入ってきて、体中を満たすイメージをします。

　では、息を止めてください。体中の細胞が宇宙のエネルギーで洗われ、生来の健康な細胞に甦ったとイメージしましょう。これも 8 秒かけて行います。

　ここまでの呼吸を 20 回繰り返してください。

　ここからはイメージを始めます。

　あなたは今、オフィスの席に一人で座って瞑想しています。脳波は θ 波になり、あなたの意識は変性意識となります。

この意識状態で「我がチームにふさわしい優れた人材よ、集まれ」と呼びかけてください。イメージの中で、入社を希望する優れた人材が集まってきます。

さあ、心の中で「我が社にふさわしい人材よ、集まれ」と３回呼びかけましょう。呼びかけ終わったら「必要な人材が集まりました。ありがとうございました」と声に出して感謝の言葉を唱え、気持ちを整え、そっと目を開きます。

ここでも、詳細にイメージすることを意識してください。
「我がチームにふさわしい優れた人材」とはどのような人材でしょうか？　どんなスキルを持っていて、どんな性格で、あなたの言葉に対してどのように反応するでしょうか。
イメージが具体的なものになればなるほど、それに近い人材が集まりやすくなります。

Point 優秀な人材を採用できれば、
チームの力はどんどん伸びていく。
ほしい人材を具体的にイメージするのがポイント。

40 外国人との商談・交渉が 得意になるイメージトレーニング

　ビジネスがグローバル化する中、外国人と商談・交渉する機会はますます増えていくことでしょう。

　一般的に外国人とは使う言語も常識も違いますから、日本人相手のやり取りとは違った緊張感に襲われるものです。しかし、この緊張感もまた、イメージトレーニングで克服できます。

　まず目を閉じ、ゆったりした気持ちで椅子に座ります。椅子に寄りかかり、足を床につけて手を膝の上に置きましょう。呼吸に意識を集中し、いつもよりゆっくり深い呼吸を7回繰り返します。口から吐いて、鼻から吸ってください。

　さあ、ゆっくり深く口から吐いて。
　鼻からゆっくり深く吸い込んで。
　口から深く吐いて。
　鼻から深く吸って。
　口から吐いて。
　鼻から吸って。
　口からゆっくり深く吐いて。
　もっと吐いて。
　はい、吸って。深く吸って。
　吐いて。吸って。
　口から深く吐きましょう。気持ちがとても落ち着きます。
　はい、吸って。リラックスがぐんと深まります。

はい、吐いて。はい、吸って。とっても落ち着きました。

　それでは、呼吸を普通に戻しましょう。

　今、あなたは英語のビデオを見ています。何度も繰り返し見て、その内容をよく知っているビデオです。

　あなたはその中の一人を選んで、イメージの中ですっかりその人になりきっています。その人の発音や話すスピード、間の取り方などを完全にコピーします。英語力にとどまらず、その人の能力から知識、技術まで、あなたにすっかり移ります。

　さあ、あなたはもうすっかりその人に変身して、外国人と商談・交渉する際、英語で流暢に話しています。英語が口から自然に流れ出す感覚に、自分でも驚くほどです。どんなシーンでも、少しも緊張したり気後れしたりすることなく、堂々と英語で話しています。

　最後に、心の中でゆっくり5から1まで数えて、そっと目を開けてください。

　このイメージトレーニングを習慣にしましょう。**毎日少なくとも1回は、イメージの世界に入るようにしてください。**

↓
Point

**外国人相手の交渉には緊張感が伴うものだが、
外国人になりきり、その能力を完全にコピーする
トレーニングを繰り返せば、
外国語での商談も得意になる。**

---

41 ゴルフ接待で敵なしになれる
イメージトレーニング

　コロナ禍以降、接待の機会が減った人は多いのではないでしょうか。それでも、**チャットやビデオ会議などでのやり取りが増えれば増えるほど、リアルのコミュニケーションが得意で、周囲から愛される人が有利になります。**

　ここでは、お客さまと良好な関係を築くためにゴルフの腕を上げるイメージトレーニングを紹介しましょう。

　椅子に座り、目を閉じ、ゆっくりリラックスして、丹田呼吸を20回繰り返しましょう。

　次に、息を深く吐いてください。8秒かけて吐きながら、マイナスの思いを全部吐き出しましょう。

　息を吸ってください。8秒かけて吸いながら、下腹を膨らませて宇宙のエネルギーが吸う息とともに体内に入ってきて、体中を満たすイメージをします。

　8秒の間、息を止めましょう。体中の細胞が宇宙のエネルギーで洗われ、生来の健康な細胞に甦ったとイメージしましょう。

　これを20回繰り返します。あなたは今、すっかりくつろいでいます。

　イメージの中で、今あなたはゴルフをしています。

　コースに出ていて、これから打つ球が飛んでいく様子をイメージしましょう。そのとき、あなたの好きな名ゴルファーをイメージしてください。タイガー・ウッズ選手、松山英樹選手、石川遼

選手、横峯さくら選手……。誰でもかまいません。

　ゴルファーをイメージしたら、イメージの中でその人になりきってパッティングをします。あなたはその人物になりきって、スタンスを決めましょう。

　カップの穴を思い描き、そのそばに球が転がっていくイメージをします。さあ、あなたにはカップが大きく拡大されて見えます。拡大されたカップにボールが接近し、カップの中に落ちていきます。

　名ゴルファーになりきることで、自分がゴルフの達人になるところが難なくイメージできることでしょう。精緻なイメージができれば、あなたの実力はすぐに追いついてきます。

　<u>誰かになりきって、すべてがうまくいくイメージをする。</u> これは、外国人との交渉が得意になるイメージトレーニングでも使った手法で、さまざまなシーンに応用できます。

↓
Point

オンライン時代だからこそ、
オフラインのコミュニケーション力が物を言う。

名ゴルファーになりきるイメージで、ゴルフ名人になろう。

第5章

勉強・リスキリングが
どんどん進む
右脳活用術

42 天才の共通点は
「右脳を使っていること」

人間には2つの学習回路、情報処理回路があります。1つは、いつも使っている学習回路。もう1つは、右脳を開くことで使える学習回路です。

<u>後者の学習回路が使えれば、その人の能力は飛躍的に向上するのですが、多くの人はこのことを知りません。</u>本章でもう1つの学習回路を開く方法を学び、あなたの本来の能力を引き出しましょう。

右脳を開けば学習効率が上がるということを理解していただくために、中学1年生のT・K君のエピソードを紹介します。

T・K君は小学3年生のときに七田式に入会しましたが、当時の彼の学力は最低レベルでした。学ぶ意欲も見られず、学ぶことそれ自体に苦痛を覚えているように見えました。

ところが現在の彼は、学校の先生が「こんな子供は今まで見たことがない」と驚くほど、見事な学力を示しています。

1学期の国語の授業でのこと。先生が生徒たちに、『竹取物語』の一節を10分間で覚えるように言いました。一節とはいえ、慣れない古文を覚えるのは決して簡単なことではありません。

ただし、右脳を開いたT・K君にとって、暗記はお手の物。他の生徒たちが一節をどうにか記憶しているわずか10分の

間に、彼はなんと全文を記憶してみせたのです。

これは彼が七田式に通い、右脳を開いて、もう１つの学習回路を開いたからできることに他なりません。もし普通の学習法を押しつけていたら、最低レベルの学力から抜け出せなかったでしょう。

人は誰しも素晴らしい能力を持っているのに、大半の人は右脳の開き方、使い方を知らないばかりに、持てる能力の半分も発揮できていないのです。

・大脳辺縁系と脳幹の驚異的な働き

ここでは、人間の脳の仕組みを簡単に説明しておきましょう。

人間の脳は３つの層からなります。いちばん上の層が大脳新皮質、２番目の層が大脳辺縁系（古皮質）、いちばん下の層が脳幹です。これらはそれぞれ霊長類の脳、哺乳類の脳、爬虫類の脳と呼ばれます。

大脳新皮質、大脳辺縁系、脳幹は、それぞれ異なる構造と機能を持っています。つまり、それぞれの能力回路が異なっているのです。

このうち人間が利用しているのは、いちばん上の層、大脳新皮質だけ。それもほとんど左脳だけで、右脳は使われていません。しかし本来ならば、この３つの脳の能力回路は連携させて使われるべきなのです。

というのも、人間の脳の下層にあたる２つの脳、大脳辺縁系と脳幹には、秘められた不思議な働きがあるからです。この２つの

脳は、表層の右脳に回路を開いています。ところが人間は左脳ばかりを使っているため、下層の脳に秘められた働きが出てこないのです。

　このことを理解し、回路の開き方を知れば、実践次第で右脳が開け、秘められた下層の脳の働きをフル活用できます。その結果、勉強やリスキリングの効率が何倍、何十倍にもなるでしょう。
　具体的には、本を数回パラパラと読んだだけで、その本の内容を理解し、記憶することさえ可能です。

　人間の歴史を振り返ってみると、それこそ本の内容を一瞬で理解し、記憶できるような人たちがいました。そういった人たちは生まれつき驚異的な能力を備えた「天才」だと考えられてきました。
　しかし実際は、その人たちは決して生まれつき素晴らしい能力を持っていたわけではないと思います。<u>他の人との違いは、右脳を適切に使っていたこと、ただそれだけでしょう。</u>
　あなたも右脳を使えれば、「天才」と評されるような人たちのように、ずば抜けた能力を示すことができるはずです。

・右脳を開くコツは「高速に大量の情報を入れること」
　あまり知られていませんが、記憶には「右脳記憶（イメージ性の記憶）」と「左脳記憶（言語性の記憶）」の2種類があります。
　<u>左脳の記憶は短期的なもので、覚えてもすぐに忘れてしまいますが、右脳の記憶はまるで質が違います。</u>一度見聞きしたものは、正確にイメージで再現できるのです。そして、記憶したことを思い出そうとすると、それが映像となって目の前に見えるという特

徴があります。

右脳記憶を育てる方法は、できるだけ高速に、しかも大量の情報を目に入れ、耳に聴かせることです。

ポイントは、できるだけ高速に、できるだけ大量に、理解・記憶を求めず情報を入力すること。これは、ゆっくり、少しずつ、理解させながら記憶させる、これまでの左脳教育学習法とは対照的です。

右脳的な学習法で外国語を学ぶと、成果がまるで違います。

英単語を1日に10個ずつ覚えようとすると、左脳を使うので、なかなか覚えられないでしょう。ところが1日に100個という大量の単語を、高速でただひたすら見ながら繰り返し聴くと、右脳が勝手に覚えてくれて、しかも忘れません。

以前、中学生たち8人を対象に、高校受験用の1000個の単語を4日間で記憶させるという実験をしたことがあります。1日に30分間で、英単語を3倍速、4倍速、倍速の順に高速で聴かせながら、目で追うというものです。ただひたすら高速視聴を繰り返し行っただけで、中学生たちはあっという間にすべての単語を覚えてくれました。

↓
Point **天才と凡人の違いは「右脳を使っているかどうか」。**
覚えたいものがあるときは、高速かつ大量の情報を聴くと、右脳に情報を記憶させることができる。

43 右脳の「高速大量記憶機能」を活用する

　右脳は情報を高速かつ大量に入力することで開ける脳です。一般的に勉強と言うと、「一つひとつ、ゆっくり理解しながら記憶する」ものと誤解されがちですが、それだと左脳学習法になってしまい、逆効果です。

　右脳を開くには、とにかく理解を求めず、高速かつ大量に入力すること。 これが重要なのです。

　実は、日本には大昔からこの学習法がありました。この学習法を「虚空蔵求聞持法」といいます。
「聞持」とは聞いて持つ、つまり記憶のこと。「求聞持法」とは記憶力を求める法、記憶法のことです。「この法を成就すれば、即ち聞持（記憶）の力を得て、一度耳目に触ることは文義ともに解す。これを心に記して永く遺忘することなし」（＝求聞持法に成功すれば、記憶力が得られ、一度見たり聞いたりしただけで深く理解できるだけでなく、心の中でずっと覚えていられる）と伝えられています。

　虚空蔵求聞持法は、「ノウボウアキャシャキャラバヤオンアリキャマリボリソワカ」という言葉を1日1万回、100日で100万回唱えるというものです。弘法大師（空海）が虚空蔵求聞持法によって素晴らしい超能力を得た話はあまりにも有名でしょう。
　この言葉を毎日欠かさず唱え続けていると、あるとき突然、頭の質が変わります。そして、一度声を出して読んだものが、何も

見ないでスラスラ言えるようになるのです。

こんな話があります。

　九州のある高校生が真言宗のお寺に通って、真言密教の行に熱心に参加し、求聞持法の真言を熱心に唱え続けました。すると大学入試を受けたとき、ノートに書いたページがそのまま頭に浮かんできて、楽に答案が書けるという体験をしたそうです。

　虚空蔵求聞持法は右脳記憶開発法に他なりません。<u>声に出してひたすら決まった言葉を唱えることで、潜在脳である右脳が開かれ、記憶の質が変わるのです。</u>

　これを応用したのが、前項でも紹介した、英単語を3倍速、4倍速、倍速の順に高速で聴かせながら、目で追うという学習法です。
　高速で聴いていると、自然に右脳の記憶回路が開けます。これに、後の項で紹介する「暗唱」と「素読」を取り入れれば、もう怖いものはありません。

↓　「ゆっくり理解しながら記憶する」勉強法は逆効果。

Point　日本では昔から、右脳を開き、
　　　　　潜在能力を引き出す方法が使われていた。

---

44 「瞑想・呼吸・イメージ」で 勉強が変わる

　大人のための右脳開発勉強会を開催したとき、ある方から次のような質問をいただきました。

「中学生の子供を持つ親です。現在、中学１年生と３年生です。受験を控え、受験のための勉強ばかりをさせていることに大変抵抗を覚えます。子供たちもきっとつまらないと感じていると思います。ただ現実を考えると時間がないので、ひたすら受験勉強をするしかありません。本当の意味での勉強と、現実の受験目標を達成する方法の両立の仕方を教えてください」

　受験のための勉強にばかり時間を取られ、人生勉強をする時間がない現代の子供たち。私もこの方の問題意識に大変共感しました。

　受験勉強と人生勉強、つまり遊びやスポーツ、文化的な活動などを両立するには、やはり右脳を開いた勉強法がおすすめです。
　右脳教育を取り入れた子供たちは、学業でもスポーツでもトップの成績を収め、まさに文武両道です。

　七田式教室の卒業生であるA・Aさんは今年、高校３年生。部活ではバスケットボール部のキャプテンを務めています。高校２年生のときの学業成績は、１学期は学年１位、２学期も１位、３学期は４位と、学業とスポーツの両方に優れてお

り、学校長特別表彰を受けたほどです。

　なぜＡ・Ａさんはバスケットボールに打ち込みつつ、学業成績もキープできるのか。それは、**Ａ・Ａさんが右脳記憶を育てているため、授業を聴くだけで学習内容が頭に入ってきて、勉強で苦労することがないからです。**

　授業中は授業を聴くことに集中して、残りの時間はすべてバスケットボールに熱中するということができているのです。

　頭が柔らかく、強い感受性を持った子供たちがすべきことは、知識を詰め込むことではありません。自分の目標を見つけて学び、研鑽することです。右脳を開発すれば、それが可能になります。

　教育機関が右脳トレーニングを採用すれば、生徒たちは本来の能力を発揮できて、学校の勉強と人生勉強を両立できるようになるでしょう。
　まずは授業の前に、生徒たちに「瞑想・呼吸・イメージ」をさせてほしいと願います。そうすれば生徒たちの脳は、左脳の学習モードから、右脳の学習モードに切り替えられ、本来の能力を余すことなく発揮できるはずです。

↓
Point　「瞑想・呼吸・イメージ」によって右脳を開けば、
　　　　　勉強の効率が格段に上がり、
　　　　　空いた時間を本当に大切なことに使える。

---

45 1日30分の「速読トレーニング」で学習効率が大幅アップ

　真の教育とは、知識をただ詰め込むことではなく、右脳を開いて本来持っている能力を引き出すことです。

　右脳を開きたいなら、まずは1日30分の速読トレーニングを取り入れてみてください。1日わずか30分で右脳が使えるようになり、勉強の効率が爆発的に上がります。

　1日30分の速読トレーニングは、次の3ステップから構成されています。

［ステップ1］丹田呼吸
［ステップ2］アイ・トレーニング
［ステップ3］速読訓練

・ステップ1：丹田呼吸

　まずはステップ1、丹田呼吸のやり方から説明しましょう。

　椅子に座って目を閉じ、リラックスしたら、深呼吸しましょう。ゆっくり深く息を吐き出します。吐きながら体の中の悪いもの、邪気やマイナスの思いがすっかり出ていくイメージをしましょう。これに8秒かけます。

　次に8秒かけて息を吸い、吸いながら宇宙のエネルギーがいっぱい体内に入ってくるとイメージしましょう。

　次は8秒、息を止めます。宇宙のエネルギーが金色の光になって、自分をすっぽり包んでいるとイメージしてください。

ここまでを３〜５回繰り返します。

　次に、普通の呼吸に戻してください。呼吸が普段通りになったら、自分がパラパラ本をめくって、すごいスピードでその内容を読んでいるところを想像しましょう。
　本の内容が勝手に目に飛び込んできて、記憶にしっかり定着します。紙とペンを差し出されると、先ほど読んだ内容をどんどん書いていくことができます。

　ここまで想像できたら目を開き、ステップ２に進んでください。

・ステップ２：アイ・トレーニング
　ステップ２のアイ・トレーニングは、次のように進めます。
　まず、何枚かの３Ｄカードを用意しましょう。日本文芸社から出ている『マジカル３Ｄシリーズ』がおすすめです。

　３Ｄカードを手に持って、焦点を合わさずぼんやり見ると、絵から立体像が浮き上がって見えてくるでしょう。この目の使い方を「ソフト・フォーカシング」といいます。速読にはこの「ソフト・フォーカシング」が非常に重要な役割を果たします。

　ソフト・フォーカシングにより、本を「読む」ではなく「見る」ようにすると、字が勝手に目に飛び込んできます。さらには、その内容を思い出そうとすると、その内容がイメージになって出てくるのです。紙とペンがあれば、本の内容をそのまま正しく書き出せるでしょう。

目には左脳の視覚回路と右脳の視覚回路があります。<u>ソフト・フォーカシングの練習を重ねると、右脳の視覚回路が開けて、新しい回路で本が読めるようになるのです。</u>

・ステップ3：速読訓練

ステップ3の速読訓練は、次のようにします。

まず、本を音読して録音し、4倍速で聴きます。これを繰り返すだけで、4倍速で本が読めるようになります。

<u>丹田呼吸、アイ・トレーニング、速読訓練。この3ステップを毎日30分続けましょう。自動的に右脳が使えるようになり、学習能力がアップしていることに気付くはずです。</u>

速読トレーニングで右脳が開けると、英単語などの学習に苦労することがなくなります。一度でも目にした単語は、ふとイメージが浮かんできて、決して忘れないようになるからです。

最後に、かつてある高校で1日30分の右脳英語教育（瞑想・丹田呼吸・速読トレーニング）を導入した成果をお伝えしましょう。

対象となったのは、高校2年生と3年生。朝のロングホームルームの時間を活用して、瞑想や丹田呼吸、速読トレーニングを試すことになりました。

その結果、さっそく読字スピードが3倍以上になった生徒が続出したそうです。さらに、英語が好きな生徒たちが集まる「国際クラブ」で試したところ、1分間で約1万語を読む

生徒が現れています。

　また、導入後わずか2カ月で、生徒たちのイメージ力がアップし、「記憶した内容を思い出そうとするときに、イメージが浮かぶようになった」という生徒もいるそうです。

　生徒たちの感想文には「どんどん進歩していく自分がいることに気付き始めた」「イメージができるようになった」「すごく楽しい。たった数十分でこんなに覚えられるなんて驚きました」といった言葉が並び、学ぶことの楽しさに気付いた様子が見受けられます。

　もちろん、このトレーニングは大人にも有効です。自分の能力を引き出したい方は、ぜひ速読トレーニングを試してみてください。

Point 1日30分の速読トレーニングは、丹田呼吸、アイ・トレーニング、速読訓練の3ステップからなる。

---

46 勉強の大原則は 「対象の理解→教科書の速読」

　前項では、速読を習得するトレーニングをお伝えしました。

　さてあなたは、なぜ速読が勉強の効率を上げると思いますか？ おそらく多くの人は「速く読めるようになると、勉強に使う時間を短縮できて、より広い範囲を学ぶことができるから」と答えるのではないでしょうか。

　もちろん、この答えも間違いではありません。ですがそれ以上に、速読の技術を身につけることには、大きなメリットがあります。この項では、そのメリットについて解説していきましょう。

　勉強を始めるに当たって大事なことは、「まず対象全体をすばやく理解する（イメージ化する）こと」です。

　これまでは「内容をじっくり理解して覚える」という典型的な左脳的な勉強法が主流でした。それに対して、右脳的な勉強法では、まず教科書や本の全体を理解するという考え方をします。

　全体像を把握し、これから学ぶ内容をぼんやりとでもイメージできたら、教科書や本の内容を何度も繰り返して学ぶのです。

　ここまで聴くと、速読トレーニングが必要な理由が想像できたでしょう。つまり、限られた時間の中で繰り返し勉強するには、必然的に高速学習が必要になるのです。

　速読ができるようになったら、まず対象全体を理解した後、教科書（テキスト）を速読してください。

はじめは全く理解できなくてもかまいません。むしろ右脳学習法では、対象をじっくり理解することより、高速で繰り返し頭に入れることを重視します。それに、繰り返し教科書を速読するうちに、自然と理解が深まっていくはずです。

　ここで注意したいのは、速読にも左脳速読と右脳速読の２種類があるということ。
　左脳速読は、目を高速に動かすことに終始しています。右脳速読の場合は、はじめは左脳速読のように効果が確認できない場合もありますが、慣れると読むスピードが上がるだけでなく、記憶に定着しやすくなります。

　速読トレーニングを１日30分続けて、右脳速読を身につけてください。この力を獲得すれば、今後の人生の強力な武器となるでしょう。

勉強する際は、まず対象全体を把握すること。

Point　その後、右脳速読を活用して、教科書を繰り返し読む。
はじめは内容が理解できなくてもかまわない。

47 脳の質を変える 「暗唱・素読」のパワー

　あなたは勉強に「暗唱」を取り入れていますか？　一般に暗唱の重要性は軽視されているように思いますが、<u>暗唱の力を知らない人は損をしています。</u>ぜひ今日から取り入れてみてください。

「暗唱」は右脳の記憶力を開く重要な方法です。
　右脳を開く方法はいくつもありますが、いずれも人間の３つの感覚器官を使います。代表的なものは、視覚を刺激する「イメージトレーニング」です。次に、聴覚を使い、高速で文章や言葉を聴く「速聴方式」。そして最後が「暗唱法」です。

　<u>暗唱法が優れている理由は、視覚と聴覚、そして口の３つの感覚をフルに使っているだけでなく、骨の振動を使って直接脳（特に右脳）に情報を伝える方法ということ。</u>これにより、右脳の潜在意識に、情報がイメージとしてダイレクトに伝わると言われています。つまり暗唱は、右脳の記憶力を開く優れた勉強法なのです。

　<u>暗唱とあわせておすすめしたい勉強法が「素読」です。</u>
　素読とは、本に書かれている文字を声に出して読み上げることをいいます。このとき、文字の意味を考えることはしません。ただ目に入ったまま読み上げるだけです。

　日本は、昔からこの方法で国語教育の基礎をつくってきました。江戸時代に開かれていた「寺子屋」では、孔子の論語や四書五経

などといった中国の古典を暗唱させていました。明治に入ってからの日本の奇跡的な発展の秘密は、寺子屋で、中国の古典を幼い頃から暗唱させた教育にあったのではないでしょうか。暗唱・素読が近代日本の知的な土台となっていたのです。

　また、偉人や成功者の多くは、幼い頃から暗唱・素読をして能力と人格を高めていったことがわかっています。日本人で初めてノーベル賞を受賞した湯川秀樹博士や"和製チャーチル"とも呼ばれた吉田茂元首相なども、素読学習が非常に有益だったと述べていますし、ソニーの創業者である井深大氏は次のような言葉を残しています。

　頭を良くするには、たくさん暗記することです。漢籍の素読、これを昔の日本人はやった。戦後にノーベル賞科学者が10人いますが、みんな素読をやっています。

　暗唱と素読がいかに右脳の能力を引き出してくれるのか――。ここでは、世界に誇る優秀な民族、ユダヤ人のエピソードも紹介しておきたいと思います。

　ユダヤ人の人口は世界でわずか0.2％ほど。その一方で、ノーベル賞受賞者のおよそ20％、実に200人以上がユダヤ人なのです。まさに驚異的な数字と言っていいのではないでしょうか。
　そんなユダヤ人はどのような教育を受けているのか？　ユダヤ人の教育においては、暗唱法が土台になっているとされています。ユダヤ教の聖典である「トーラー」（創世記、出エジプト記、レビ記、民数記、申命記）という分厚い書物を、子供たちに「暗唱」

させるのです。

　幼い子供はその意味を理解できませんから、ひたすら素読をするだけ。幼いときから暗唱と素読を繰り返すことこそが、ユダヤ人の知力の秘密なのです。

　私の提唱する勉強法でも、素読と暗唱を取り入れることで数多くの成果を出してきました。この経験から、**本や教科書を「暗唱・素読」させる右脳教育は、日本の教育を再生させるカギだと考えています。**

　子供も大人も、学びたい内容があるなら、その教科書を徹底的に「暗唱・素読」しましょう。そのためには、すでに書いたように「速読」をマスターすることです。

・暗唱と素読で外国語がペラペラになる

　暗唱と素読は、外国語を習得する手段としても有効です。父・七田眞のエピソードをもとに、その有効性を証明したいと思います。

> 　父は少年時代を北京で過ごしました。中学3年生のとき、日本の中学校から1人の男の子が転校してきました。彼はなんと1年間で中国語を自由に話せるようになったのです。
>
> 　これは父にとっては大変ショックな出来事でした。なぜなら、父は7年も北京にいて、学校で中国語を学んでいたにもかかわらず、少しも中国語が話せなかったからです。
>
> 　父は彼に「なぜあっという間に中国語がペラペラになったのか?」と尋ねてみました。彼の答えはシンプルでした。それは「1冊の中国語会話の本を、中国人に発音してもらって、

その通りに何度も素読し、1冊まるまる完全に暗唱できるようにした」というものでした。

　日本に帰国した父は、高校で英語を学ぶことになりました。ところが、英語を学んだことのない父の成績は最下位でした。

　そこで、転校生だった友人から聞いた学習法を試したところ、1年後には英語がペラペラとしゃべれるようになったのです。もちろん、テストは常に100点でした。

　また、10カ国語以上の外国語を操ったことで知られるドイツの考古学者、ハインリッヒ・シュリーマンも、暗唱を中心にした学習法を実践していたそうです。シュリーマンの語学習得法は、次のようなものでした。

①大きな声で音読する。
②興味のある対象について作文を書き、先生に添削指導してもらう。
③添削してもらった文章を暗記し、翌日の授業で暗唱する。

　暗唱と素読を実践することで、大量の情報を右脳にインプットできます。ぜひ今日から取り入れてみてください。シンプルな学習法ですが、その効果は折り紙つきです。

Point　暗唱と素読によって右脳を開き、記憶力が引き出されて、学習効率が上がる。この勉強法は外国語学習にも有効である。

48 外国語を「右脳的」に学ぶヒント

　読者の中には、外国語学習に取り組んでいる人も多いでしょう。ここからは、そんな人のためのヒントをお伝えしていきます。

　外国語学習においては、右脳のイメージ力をうまく使うのが定石です。なぜなら、語学は「耳で学ぶ」ものだからです。

　ここでは、わかりやすいように、外国語＝英語として解説します。

　日本語を母語とする人が英語を学ぶときは、理論や文法ばかりを頭に詰め込むよりも「英語は音楽である」という感覚を大切にするといいでしょう。これはつまり、左脳ではなく、右脳的な感覚を優先させるということでもあります。

　さらに、外国語はその国の人々の暮らしや文化と深く関係したものであり、生きた言葉ですから、できるだけ「生きた使い方」、つまり「イメージと体験」を重視した学び方をしてください。

　右脳は感情の脳でもありますから、喜んだり悲しんだりといった感情的な体験に紐づいていればいるほど、英語の上達が早くなるはずです。特におすすめなのは、英語話者と恋愛したり、英語の映画を観たりすること。きっと英語と感情的な体験が強く結びつくはずです。

・外国語習得に欠かせない「イメージ学習法」

　大人が外国語を学ぶときは、その言葉が使われている環境に身を置くことが何より大切です。英語なら、アメリカやイギリス、

カナダ、オーストラリア、ニュージーランドなどに住んでしまう。そうすれば聴覚イメージで英語を習得できるからです。

「そんなの当たり前だ。英語圏に住めば、英語で話さなければならないのだから」と思う人もいるかもしれません。もちろん「英語を話さなければならない環境に身を置くこと」も重要ですが、それよりももっと重要なのは「英語が話されている国や街の文化を体全体で学ぶこと」なのです。そうしない限り、生きた英語は身につきません。

外国語を習得する過程は、赤ちゃんとお父さん・お母さんの触れ合いをイメージするとわかりやすいでしょう。

お父さんとお母さんの話す言葉は、赤ちゃんの耳に入ります。赤ちゃんは目でモノを見て、それらを触って、言葉を覚えていきます。そうしているうちに、はじめは「ママ」や「パパ」だけだった語彙が「ワンワン」「ニャンニャン」やおもちゃへと広がっていきます。赤ちゃんは、感覚の一部だけを使うのではなく、聴覚、視覚、触覚といった総合的な体験学習で言葉を習得していくのです。

ここに外国語習得のヒントがあります。次の項からは、体全体を使って外国語を体験し、習得していく方法を紹介しましょう。

Point ↓ 外国語学習においては、五感をフルに使い、イメージと体験を重視した学び方が効果的。
赤ちゃんが言葉を習得する過程を参考にするとよい。

---

49 右脳を刺激する 外国語学習法7選

　この項では、右脳を刺激して外国語を習得するための学習法を7種類紹介します。気になったものがあれば、どんどん取り入れてください。

・①映画活用法

　前項でお伝えした通り、外国語を習得したいなら、その言葉が話されている国や地域に住み、その文化を全身で感じるのが最も優れた方法です。ですがさまざまな事情から、留学やホームステイ、移住が難しい人も多いでしょう。

　そんな人にまずおすすめしたいのは、映画を使った外国語学習法です。

　映画が優れている点は、外国語の音楽や会話を聴く音声学習法に比べて、映像と音楽、音声とマルチで学べることです。

　さらに、映画を観ているときは完全に登場人物になりきり、感情移入して学ぶことができます。意外に思う人もいるかもしれませんが、「登場人物になりきる」「感情移入する」というのは、外国語習得において非常に重要なポイントです。なぜなら、感情を伴うイメージは右脳を刺激し、深く記憶に残るからです。

　映画で外国語をマスターするときの注意点をお伝えしましょう。それは、はじめは字幕を見ないで、外国語の音声をダイレクトに聴くこと。

はじめは当然理解できないでしょうが、それで全くかまいません。理解できずとも、右脳はちゃんと情報を脳に送り込んでいます。

　字幕を見ないで、外国語の音声をダイレクトに聴く。これを数回繰り返した後は、字幕入りで観てください。

　ここでもう1つ、注意してもらいたいことがあります。

　近年、有名な映画は、シナリオが手に入ります。**シナリオが手に入る映画であっても、それは見ず、ひたすら映像だけを観てください。**それを何度も繰り返します。

　ポイントは、観るたびに、登場人物の誰かに焦点を合わせて、その人になりきること。1回目は主人公に、2回目は主人公の恋人に、3回目は主人公の父親に、4回目は主人公の母親に、5回目は主人公の親友に……といった具合です。

　こうして感情移入するキャラクターを替えていくと、1本の映画からより多くのものを得ることができます。

　上級者には「**映画のシーンを自分のイメージで再現すること**」にもチャレンジしてもらいたいところです。映像は流さず、何度も繰り返し観て覚えたシーンを頭の中で再生して、主人公になりきってください。

　その頃にはセリフもすべて暗記しているでしょう。セリフを実際に口にしてみると、ますますそのキャラクターになりきることができ、外国語が頭にしっかり定着するはずです。

・②高速学習法

　次に紹介したいのは、「高速学習法」です。これは既に説明しました。<u>外国語を４倍速、３倍速、倍速……といったふうに、繰り返し聞き流す方法です。</u>

　外国語という異なる文化を学ぶには、右脳の力である「潜在意識」を活用するのが効果的です。言葉はイメージをもとにつくられていますが、潜在意識はイメージそのものです。

　つまり、イメージが親だとすれば、言葉はその子供のようなものなのです。

　<u>外国語を高速で聴くと、本来ならば左脳の言語機能を経て学ぶはずの言葉が、ダイレクトに右脳に届き、潜在意識に蓄えられます。そうして高速で繰り返し入力された言葉の情報は、潜在意識の中に長期記憶としてしっかり記憶されるのです。</u>

　右脳を活性化するには、高速でとにかく何度も繰り返す。これがポイントです。

　特に英語ネイティブは早口です。ネイティブの言葉を左脳で理解してから話そうとしても、非ネイティブにはとても無理でしょう。外国語をしっかりと自分のものにするには、言葉を完全に潜在意識にまで浸透させ、皮膚感覚で話せるようにならなければなりません。

　そのための優れた方法が、この高速学習メソッドなのです。マスターしたい言葉を録音し、高速で何度も何度も聴くようにしてください。

・③繰り返し学習法

　次に紹介するのは「繰り返し学習法」。これは、脳の記憶のメカニズムから見ても最良の学習法です。

　ドイツの心理学者、ヘルマン・エビングハウスが提唱した「エビングハウスの忘却曲線」をご存じでしょうか。これは、時間経過に伴う記憶の変化やメカニズムについて研究したものです。

　エビングハウスによると、人の記憶は次のように変化していきます。

経過した時間	忘却率
20分後	42%
1時間後	56%
1日後	74%
1週間後	77%
1カ月後	79%

　エビングハウスの忘却曲線は、縦軸に節約率を、横軸に時間を取ったグラフになっています。グラフは反比例の形になっており、一言で表現すると「時間が経過すればするほど忘れやすくなる」ということがわかります。

　ここでいう節約率とは、時間の経過によって「どのくらいの記憶が失われているか」ではありません。その知識を再び学習する際に「どのくらい時間を節約することができるか」を指します。

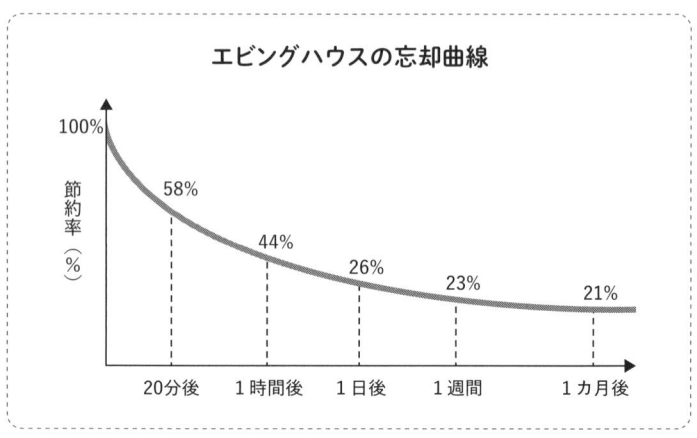

エビングハウスの忘却曲線

節約率（％）

100%
58%
44%
26%
23%
21%

20分後　1時間後　1日後　1週間　1カ月後

　たとえば、初めて学習する際に10分かけて覚えたことは、60分後に再び記憶するときには44％の時間を節約できる、つまり5〜6分で記憶することができるというのが「節約率」です。要するに、繰り返し学習することで、記憶の定着にかかる時間を節約し、より早く記憶できるのです。

　20分後には42％を忘却し、1時間後には56％、1日後には74％を忘却している。このことからわかるように、記憶と忘却は二律背反の関係にあります。

　これを合理的に食い止めるのが「繰り返し学習法」です。<u>勉強したことを20分以内に復習すれば、記憶は格段に定着しやすくなります。理想は1時間以内に3回繰り返すことです。</u>

　ここで覚えておいてほしいのは、すでに一度慣れ親しんだことの「繰り返し学習効果」は絶大であるということです。

たとえば、英語を習得したいなら、学生時代に使っていた英語の教科書をもう一度開き、何度も学習してみましょう。「懐かしい」「こんなフレーズあったな」などと感じながら、あっという間に覚えられるはずです。

　さらに「高速学習」と「繰り返し学習」を組み合わせればもっと効率的です。
　学生時代に学んだ英語の教科書には、読み上げ音源が付属していたのではないでしょうか。これを高速で再生し、何度も聴いてみましょう。これにより、適切に右脳を刺激することができ、英語力があなたのものになるはずです。

・④演劇スタイルなりきり学習法

　演劇を活用する「演劇スタイルなりきり学習法」もおすすめです。つまり、英語を学びたいなら英語劇に、フランス語を学びたいならフランス語劇に出演するのです。

　演劇によって外国語を学ぶというのは、外国語の定番学習法です。実際、東京外国語大学や大阪大学外国語学部には、「語劇」という慣習があります。これは、学生の有志が専攻語ごとに集まり、専攻語の劇を上演するというものだそうです。

　英語を習得したいなら、英語劇を上演している団体などを探して出演しましょう。特におすすめするのは、ミステリーやSFなどではなく、ありふれた日常をテーマにした、普段の生活と関連の深い舞台設定の劇です。もちろん、古典よりも現代を舞台にしたものがよいでしょう。

セリフを暗記したり、他の演者の演技を見聞きしたりしている<u>うちに、英語のリズムや語彙があなたの中にしっかり定着するはずです。</u>これも一種の暗唱だと言えます。

日常をテーマにした劇に触れると、日常生活の中で応用が利きます。なにしろあなたはあなたの人生の主人公そのものですから、映画のキャラクターの真似をする場合に比べて、実感も体験の密度も数倍になるはずです。

劇を通して学んだ語彙や言い回しは、日常生活の中で積極的に使っていきましょう。

・⑤音楽活用法

外国語学習に音楽を効果的に使う方法を世界で初めて開発したのは、ブルガリアの医学博士、ゲオルギー・ロザノフです。ロザノフ博士の学習法は「暗示学習法」と呼ばれており、まさに右脳を使った学習法です。

ロザノフ博士は、外国語を全く話せない大人を対象とし、数週間から数カ月という短期間で、ネイティブと同じレベルにまで育て上げました。

博士がそのとき施した方法とは、<u>学習時の BGM としてバロック音楽をかける</u>というものです。音楽がいかに外国語学習に役立つか、想像できるでしょう。

右脳を活性化させたいとき、音楽は非常に大きな役割を果たしてくれます。<u>右脳は脳波がα波のときによく働きますが、音楽を効果的に使うと、脳波をα波状態に導いてくれるからです。</u>
<u>また、モーツァルトの音楽により、脳波がα波を超えた超リラッ</u>

クス波、θ波をも誘発することがわかっています。

　外国語学習をする際には、モーツァルトやバロック音楽（パッヘルベルの「カノン」やバッハの「主よ、人の望みの喜びよ」が有名です）をかけ、心を落ち着かせるとともに集中力を高めてみませんか。

　なお、少し話がそれますが、創造性開発には「超高速モーツァルト法」というメソッドがあります。モーツァルトの音楽を２倍から32倍まで高速で再生することで、右脳が刺激され、想像力が高まり、創造力が開発されるというものです。こちらも興味があればぜひ試してみてください。

・⑥スピーチ法
　外国語でスピーチをつくり、話してみるのも、おすすめの方法です。
　歴史上の名演説を目標にして、自分オリジナルのスピーチを作成しましょう。ポイントは、自分で聴いても心が高揚するような内容にすることです。わくわくするような内容にすれば、何度でも口に出したくなるからです。

　歴史的な名演説には、リンカーンのゲティスバーグ演説、ケネディの大統領就任演説、キング牧師の「私には夢がある」という演説などがあります。
　もちろんこうした名演説の真似をし、暗唱するだけでも効果大ですが、やはり自分オリジナルの演説となると、楽しさはひとしおです。

最初から英語で書くのが難しい場合は、まず日本語で書いてみることです。その後に丁寧に訳して、グループの仲間や外部のネイティブの人に聞いてもらいましょう。

　これを繰り返し練習すれば、外国語習得のモチベーションが上がること請け合いです。

・⑦グループ学習法

　近年では、オンライン英会話授業を受ける人が増えています。早朝や昼休み、夜寝る前など、自分の好きなタイミングに、自宅で、ごく短い時間でも勉強できることが受けているようです。

　自分が好きな先生を選べることも多く、アメリカ英語やイギリス英語から、アジアのアクセントがある英語まで、さまざまな英語を話す人と会話できることも大きなポイントなのでしょう。

　ただそれでも、私は少人数制のグループ学習をおすすめしたいと思います。

　この学習スタイルの良い面は、互いに切磋琢磨できるところです。他人の良い面も悪い面も大変参考になるものです。

　自分の関心外の話題や、自分では使わない言い回しなどを知れることもメリットでしょう。

　また、グループ学習では、相手がすぐ目の前にいるため、イメージトレーニングと実践の両面が訓練できます。互いに役割を替えてディベートすることも可能です。

　さらに大事なのは、ライバルが見つかることです。グループの中に自分より語学力が上の人がいれば、その人に追いつき、追い越すつもりで勉強しましょう。

同時に、グループの誰かと教え合いをするのも、おすすめの学習法です。

　ただしグループ学習には、自分が話す時間が短くなるというデメリットもあります。授業以外の時間はとにかく予習・復習をして、インプットをしましょう。
　<u>1人で学んだことを授業でアウトプットする、という時間の使い方を意識すると効果的です。</u>

↓

外国語学習のカギは右脳を刺激すること。

Point　映画を活用したり、高速で学んだり、繰り返し学習したりして、五感を使って学ぶとよい。

---

50 「右脳スイッチ」をオンにする 音楽の魔法

　勉強を効率的に進めるには、脳の働きを左脳型（論理型）から右脳型（感覚型）にシフトする必要があります。

　では、どうすれば右脳型にシフトしていけるのでしょうか？

　最もおすすめしたいのは、音楽をうまく使うこと。

　前項ではモーツァルトやバロック音楽の効能をお伝えしましたが、ここではとにかくあなたが好きな音楽を選んでください。ポップス、ロック、ジャズ、ヒップホップ、クラシック……。ジャンルは問いません。とにかくあなたの好きな音楽を使います。

　なぜ好きな音楽を選ぶのか。それは、好きなものに集中している状態は完全に右脳モードだからです。

　好きな音楽を聴いてリラックスすると、左脳モードから右脳モードに自然とシフトしていくことができます。

　音楽による右脳モードへのシフトは、特に「やらなきゃいけないのになかなか乗り気にならない」「雑念があって勉強や仕事に集中できない」といったシーンで効果的です。そんなときに好きな音楽の力を借りれば、感覚が刺激され、無理なく右脳モードに入っていけることでしょう。

　いちばんおすすめしたいのは、とにかく好きな曲を選ぶことですが、もし「特に好きな曲がない」「好きな曲はあるけれど、今の気分じゃない」というときには、比較的ゆったりした音楽を選

んでみましょう。中でも前項で紹介した通り、モーツァルトの音楽やバロック音楽は最適です。

音楽が右脳の働きを刺激する理由は、音楽の三大要素である「メロディ」「リズム」「ハーモニー」が聴覚イメージとして人の感情にダイレクトに働きかけるからです。

この３つの要素が私たちのイメージを刺激して、勉強のエネルギー源となるのです。

また、音楽は気持ちを高揚させたり、逆に落ち着かせたりします。その結果、心の波動が体を刺激して、完全に心身が右脳に支配されるようになるのです。

一般的な「勉強」は左脳的な動機やアプローチがほとんどで、決して楽しいものではありません。しかし、音楽の力を借りて右脳のスイッチを入れれば、勉強は楽しいものに変身します。

現代は便利なサブスクリプションサービスもあります。そういったサービスを上手に使って好きな音楽を聴き、「右脳スイッチ」をオンにしましょう。

↓

Point 勉強で成果を出すには、脳の働きを
左脳型から右脳型にシフトする必要がある。

好きな音楽を聴いて「右脳スイッチ」を入れよう。

51 瞑想×リラックス =集中力アップ

勉強したいのに、すぐスマホに手が伸びてしまう。

締め切りや試験のギリギリにならないと行動できない。

カフェやオフィスだと気が散って勉強が進まない……。

このように「勉強に集中できない」と悩む人は多いものです。そうした人に向けて、集中のコツをお教えしましょう。

集中力は、左脳的な緊張状態のときにはほとんど力を発揮できません。体は心の状態を忠実に反映しているからです。

集中力が効果を発揮するには、心身がリラックス状態にある必要があります。つまり、右脳モードがオンになっていなければならないということです。

では、どうすればリラックス状態に入り、右脳モードをオンにすることができるのか。

1つには、前項で紹介した、好きな音楽を活用する方法があります。イヤホンやヘッドホンなどで好きな音楽を流しながら目を閉じ、音を楽しみましょう。1曲聴き終える頃にはすっかりリラックス状態になり、いつでも集中できるようになっているはずです。

もう1つ、おすすめしたいテクニックとして、瞑想が挙げられます。

「瞑想なんて難しそう」「自分にできるかな」と思う人もいるか

もしれませんが、心配しないでください。私が提唱している右脳瞑想は決して難しいものではありません。手順はたったの３ステップです。

［ステップ１］椅子に座り、心を落ち着かせる
［ステップ２］１〜３分間、じっと目をつむる
［ステップ３］ゆっくり深呼吸する

　たった３分ほどですが、心が落ち着き、心身ともに右脳モードにシフトするはずです。瞑想によって心身が調和した状態こそ、リラックスと集中が同時に行われている状態です。

　場合によっては、催眠の力を借りてもいいでしょう。まずは誘導催眠法を使い、慣れてきたら自己暗示法に従って、自ら催眠状態に入っていきます。
　この状態を体で覚えたら、今度はそれを使って集中力を高め、維持するトレーニングをしてみましょう。

↓
Point

左脳的な緊張状態では、集中できない。

集中力を発揮したいなら、音楽を聴いたり瞑想をしたりして、右脳モードをオンにする必要がある。

52 「寝る前の5分」が 学習効率を左右する

ドイツの化学者、ヴィルヘルム・オストヴァルトは、長年にわたって偉人たちについて調べた人物でもあります。

偉人たちはなぜ偉人たり得たのか——。その問いに対して、オストヴァルトは次のように結論を出しました。

過去の偉人たちはすべて、読書と暗示によって偉大な人物となった。

オストヴァルトによると、偉人の共通点は2つ。

1つは読書家であったということ。そしてもう1つは、親から良い暗示を受けて育ったということです。

子供たちを優れた人物に育てるには、両親の暗示に勝るものはありません。

暗示とは潜在意識に入れる言葉です。人間には顕在意識と潜在意識の2つの意識があり、通常私たちは顕在意識で動いているように見えますが、それは誤解。実のところ、潜在意識で行動している部分のほうがはるかに多いのです。

特に左脳の論理的な思考回路がまだ発達していない子供たちには、暗示が抜群に効きます。

ここでは、潜在意識を活用する「5分間暗示法」を紹介しましょう。

子供が寝入って 10 分ほど経った頃、次のように、子供の耳元
でささやきます。

「○○ちゃん、よく眠っているのね。フワッとした、いい気分で
ぐっすり眠りますよ。眠るのがとても気持ちがいいですね。深く
眠るほど、気持ちが良くなります。深く眠りますよ」

　これで、眠りの浅い子も深く眠れるようになります。

　この 5 分間暗示法に加えて、子供が寝る前に本の読み聞かせを
してあげてください。寝る前の記憶は非常に安定しやすく、学習
効果が非常に高いからです。

　これは大人にも応用できます。<u>寝る前のリラックス状態のとき、
英単語帳を見たり、なりたいイメージに近い写真を眺めたりしま
しょう。記憶に定着させるとともに、潜在意識にイメージを植え
つけることができ、実現に近づきます。</u>

　寝る前の記憶は良くも悪くもずっと残るため、ネガティブな感
情のまま眠りにつくことは避けましょう。
　寝る直前は記憶のゴールデンタイムですから、くれぐれも有効
に活用してください。

Point

暗示は潜在意識に入れる言葉のこと。

寝る直前の時間を有効に活用して、外国語学習をしたり、
なりたいイメージを記憶に植えつけたりしよう。

---

53 「合格した自分」を
ありありとイメージする

　最後にお伝えしたいのは、<u>勉強に着手する前に、勉強の目的やゴールを明確にすることの重要性</u>です。

「勉強する前にゴールを決めるなんて、当たり前だ」と思う人もいるかもしれませんね。でも<u>「この勉強を通して、どんな自分になりたいのか」「何のためにこの資格を取得するのか」「この知識やスキルを身につけた後の自分は、どんな様子なのか」をイメージしないまま、見切り発車している人が多いのもまた事実です。</u>

　受験勉強であれ、外国語学習であれ、資格試験の勉強であれ、ゴールや締め切りは外部から設けられるケースが大半です。

　そうしたゴールは「12月までに模擬試験で80%の点数を取れるようにならなければならない」「来月のTOEICで900点以上を取る必要がある」などと、大きなプレッシャーになります。そして、その期日が近づくにつれ、ストレスがさらに高まることになります。これは左脳的な緊張状態であり、勉強の成果は期待できません。

　<u>このような状況を打破し、勉強をうまく進めるコツは、ゴールを「お祭り」に仕立てることです。</u>

　<u>試験なら、合格した喜びをかみしめている自分の姿をありありとイメージしてください。</u>絵に描いたり、合格した「てい」で写真を撮ってみたり、「合格した自分の姿」に近い写真をSNSや画像検索で探したりして、できるだけ解像度の高いイメージを持つ

ことがポイントです。何度も同じ場面をイメージをすることで自己暗示をかけましょう。

　これは幼い頃、遠足や家族旅行を指折り数えて待つ子供の心境と同じです。楽しみなイベントを待つ子供のように、試験日をわくわくする気持ちをイメージの力で作り上げましょう。

　試験に合格したらどんなに素晴らしい日々が待っているのか、そのイメージを思いっきり楽しむのです。

　ゴールの日を解像度高くイメージできたら、今度はそのゴールから現在の時点に戻ってきます。つまり、ゴールから逆算して、今日すべきことを決めるのです。そしてその通りに実践してください。

　私はこのメソッドを「未来思考法」と呼んでいます。これは「未来（ゴール）が現在を決める」という思考です。

　ここで肝心なのは、**右脳を使って「ゴールをわくわくする目標に変身させること」。**とにかくゴールを細かくイメージして、そのゴールに胸をときめかせてください。ゴールまでの道のりまで輝かしいものに見えてくるはずです。

勉強に着手する前にゴールを決めることが重要。

Point　可能な限り解像度高くゴールをイメージして、
　　　　ゴールした自分に期待しよう。

———

第 6 章

右脳パワーを
最大化する
健康習慣

54 右脳に秘められた「ヒーリング力」

右脳にヒーリング力（病気を癒やす力）があることは、世間ではほとんど知られていないようです。ところが、長年にわたって右脳教育に携わってきた私にとって、これは疑いのない事実です。

ですが、右脳のヒーリング力を信じられない人がいることも理解できるため、あまり大々的に主張してきませんでした。

ここにも左脳と右脳の違いが表れています。

左脳は、心や意識といった「科学で証明できないもの」を否定する脳であり、**疑う脳**です。理性で分析し、科学的に証明することによってようやく納得します。

一方で右脳は、心と深くつながった働きを全面的に肯定する脳であり、**信ずる脳**です。心と体をつなげる右脳の働きなくして、ヒーリングはあり得ないと言っていいでしょう。実際、医療の現場において、「信ずる心」がいかに心身に大きな治療効果を与えているかはもはや周知の事実です。

昔から、「信ずる」という右脳マインドにより病気がすっかり治ったという奇跡の報告は無数にありました。科学が発達した現代において、「信ずる心が治療効果を持つ」という事実を信じない人は多いものですが、これは不幸な習慣だと言わざるを得ません。右脳の「信ずる力」による治療効果を目の当たりにした人は、容易にその事実を認めることになります。

・病気も右脳の「イメージでスキャン」できる

右脳のヒーリング能力の前提になるのが、そのスキャン能力です。つまり右脳のESP能力をもってすれば、体のどこが悪いのか「スキャン」できるのです。

かつてESP能力は「超能力」と呼ばれ、ごく一部の特殊な人たちにだけ生まれつき備わった不思議な能力だと考えられてきました。しかし今では、ESP能力は右脳の潜在能力の1つであることが知られています。

右脳は、無限の能力とつながっている潜在意識と、深くつながっています。ですから、右脳のヒーリング力を身につければ、体のどこが悪いかスキャンすることさえ可能になるのです。

あるお医者さんで、スキャン能力を開いた方がいらっしゃいます。この先生は、患者さんの悪いところがはっきりわかります。

あるとき先生は、別のお医者さんが「手術が必要だ」と診断したご婦人の体を見て「手術の必要はない」と診断しました。より詳しく診療したところ、やはり手術は不要であることがわかり、ご婦人はその後、無事に退院されました。

これは右脳に秘められた素晴らしい能力のほんの一部です。しかもこの能力は、生まれつき不思議な能力のある人だけでなく、どんな人でもトレーニングすることで開発できるのです。

・病気を「小人のイメージ」で治す

右脳の持つイメージ力は、さまざまに応用できます。その1つが「小人のイメージヒーリング」です。これは、イメージ力によって小人になり、イメージの中で病気をすっかり治すものです。

イメージヒーリングは次のように進んでいきます。

まず、子供たちに腹式呼吸と自己暗示でイメージ能力を高めてもらい、「小人に変身してください」と指示をした後、イメージの中でお母さんの体内に入ってもらいます。ここでは肉親であることが重要です。そうでないと、かえって逆効果になることもあり得ます。

子供たちがお母さんの体内に入り込んだら、血管の中に入って体の中をまわってもらいます。体内をしっかりパトロールして、お母さんの体に悪いところがないか探します。

パトロールの結果、悪いところが見つかったら、それを子供たち独自のやり方で治療してもらいます。たとえば、ガン細胞を見つけたとしましょう。その治し方はそれぞれ違い、子供たちの個性に任せます。悪い部分をスコップで掘り出して治す子もいれば、全体的に削り取ってしまう子もいます。その結果、不思議なことに、お母さんの悪いところはすっかり良くなります。

イメージヒーリングは子供にしかできないわけではありませんが、左脳が発達した大人には少々レベルが高いものです。大人が右脳を開き、その秘めたる能力を開花させるには、左脳の疑う心を上手にコントロールすることが不可欠だからです。

初心者や大人が右脳の能力を開きたいなら、誘導瞑想と自己暗示の力で右脳の働く状態を十分に体で覚えることが大切です。

・イメージによって病気を癒やす

右脳のイメージ力で病気を癒やした方のエピソードを紹介しましょう。

秋田県のK・Kさんは、5年前に甲状腺の手術を受けました。その後は薬を服用し、症状が改善することを祈りながら継続的に通院していました。

　ところが昨年、前回手術した場所の近くにまた小さな腫瘍ができていることが発覚。1カ月後に手術を受けることになりました。

　本当なら落ち込んでしまっても仕方ないところですが、右脳の力をよく知っているK・Kさんは、決して落ち込むことなく、「イメージの力で病気を治そう」と思い立ちました。「瞑想・呼吸・イメージ」の3点セットを繰り返し、患部が良くなるイメージを働かせ続けました。
　3点セットがすっかり日課になったころ、のどのところで何かがスッと流れ、下に落ちていく感覚を味わうとともに、体が軽くなった感じがしていました。

　1カ月後、手術の前にCT検査を受けたところ、結果を見た医師はK・Kさんにこう告げたそうです。

「不思議です。腫瘍が消えていますね」

Point **右脳には病気を癒やす力がある。**
右脳の力を活用すれば、体の悪いところを見つけたり、イメージの中で病気の源を取り除いたりすることも可能。

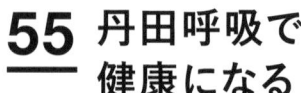

55 丹田呼吸で
健康になる

　前項で、右脳と健康の強固な関係についてご理解いただけたと思います。続いてこの項では、右脳実践トレーニングを深めるカギとなる「丹田呼吸」についてお伝えしていきたいと思います。

　丹田呼吸は次のような手順で行います。
　息を吐いたときにおなかをぺちゃんこにへこませ、同時に心のマイナスの思いや体の不調がみな出ていくイメージをします。吐く時間は8秒です。

　次に息を吸い、同時に宇宙のエネルギーが第三の眼を通じて体内に入ってきて、すべての細胞を甦らせるイメージをしましょう。これも8秒かけて行います。

　8秒間息を止めながら、下腹を膨らませて、入ってきたエネルギーを落とし込みます。すると腹圧が強まり、全身の血行が良くなります。

　この呼吸を1サイクルとして、30回、50回、100回と、できるだけ多く繰り返してください。5分や10分では足りません。深めようとするならば1日1時間、2時間でも行うといいでしょう。

　正しい方法で丹田呼吸を続けると、自然と心も正しくなり、イメージしたことが実現する力も強まってきます。その一方で、正

しいやり方がわからないと、期待するような効果は出ません。

　特に重要なのは、心の持ち方です。本当に右脳を開き、潜在意識の中に入っていきたいと望むなら、自分の意識を変えてください。大切なのは、心のくもりを取ることです。

　右脳の力を信じない気持ちが心の底に働いていると、丹田呼吸を30分やっても1時間やっても効果はありません。「イメージが見えないかもしれない」「イメージなんて見えなくて当然だ」といった思いが、心の深いところにあるとダメなのです。

　まず、自分の心をのぞいてください。そして、今思っていることを書き出してみましょう。プラスの思いが多いですか？　それとも、マイナスの思いのほうが優勢でしょうか？

　もう1つチェックしたいのは、人のことをとがめる習慣がないかどうかです。何でも人のことを批判するという気持ちは捨ててください。どんなことも感謝の気持ちで受け止め、感謝の気持ちを忘れることなく過ごしている人には、次々にありがたいことが起こってきます。

・**1日30分の丹田呼吸を習慣に**
　丹田呼吸は、習慣化しないと効果が出ません。自分を変えたい、自分の運命を良くしたいと本気で望むならば、1日30分は丹田呼吸をしましょう。

　毎日最低20回、できれば100回ずつ続けてください。すると、おのずから間脳が開けてイメージが見えるようになり、体の不調を消していき、健康を保つことができます。

　手ごたえがないようなら、一晩寝ないで丹田呼吸を続けるとい

う手もあります。明け方近くには、別のステージに移行できることでしょう。

少し話がずれますが、**丹田呼吸はスポーツをする人にもおすすめです。**

丹田呼吸を続けていると、目や耳から入ってくる情報にとらわれることなく、対象が正しく見えたり聞こえたりするようになり、体が自動的に反応する感覚を抱くようになるでしょう。丹田呼吸でセロトニン神経の活動レベルが上がり、外界の刺激を受け流して「無」の状態になると、不安や恐れがなくなるとともに、相手の動きが見えて、一瞬にして体が動くのです。

毎日丹田呼吸を続けると、体は軽くなり、パワーがついて瞬発力が身につきます。さらには、感情が安定し、あがる→恐れを感じる→ますますあがるという悪循環が起きなくなります。

・健康長寿を叶える丹田呼吸の力

丹田呼吸の強力なパワーが伝わるエピソードをご紹介しましょう。

昔、徳川五代将軍綱吉の時代に生まれ、江戸中期に生きた白隠禅師という禅僧がいました。白隠禅師は駿河の人で、「駿河には過ぎたるものが二つあり 富士のお山に原の白隠」とうたわれるほどの人物だったそうです。

白隠禅師は26歳のとき、神経性障害と肺結核になりました。そこで京都洛外の白河の山奥に住む仙人から養生の秘訣

> を教えてもらい、その通り実践したところ、1カ月で難病が
> すっかり消失したと言います。

　白隠禅師がこのとき実践したのが、丹田呼吸法でした。**言い伝えによると、丹田呼吸を1日1000回したということです。**

　白隠禅師の病気は重い結核で、当時は不治の病と言われ、あと2、3カ月の命と言われたそうです。そのような大病が、丹田呼吸の力により、わずか1カ月で見事に完治したというから驚きです。

　白隠禅師は、自分が実践した丹田呼吸法について『夜船閑話』という本に書いて、多くの人を救いました。
　そのうちの1人が、済生会病院の初代院長です。その人は『夜船閑話』で白隠禅師の体験談を読んで、丹田呼吸を毎日100回行いました。すると、それまでどうしても改善しなかった自律神経失調と慢性の下痢が、わずか3週間ほどで完治したそうです。驚いた院長は、入院患者の希望者に丹田呼吸法を実践してもらったところ、いろいろな病気が治ったと言います。

　丹田呼吸法を行えば、不老長寿も夢ではないと言えるでしょう。

↓
Point
丹田呼吸は右脳実践トレーニングを深めるとともに、さまざまな病気を癒やしたり、スポーツの成果を上げてくれたりする。

---

56 心身の疲れを取る イメージトレーニング

　現代人は多忙です。

　一生懸命に働いているだけでも疲れるのに、満員電車で通勤し、食事の用意をし、子育てや介護をし、眠ったと思ったら早朝に起き出してまた出かけていく——。すっかり疲れてしまっている人も多いのではないでしょうか。

　1年以内に栄養ドリンクの飲用経験がある20〜60代の全国の男女を対象とした大正製薬の調査（2019年2月）によると、実に4割強の20代が「非常に疲れている」と回答しました。「やや疲れている」と回答した人は他の年代より少なくなっていましたが、調査対象の中で最も若い20代が、30代、40代、50代、60代よりも「非常に疲れている」とは驚きの結果です。
　また「非常に疲れている」と答える割合は、年代が上がるとともに下がっていき、60代で最も低いという結果になりました。60代には「あまり疲れていない」「疲れていない」と回答した人も多くなっています。
　さらに「肉体的な疲労」と「精神的な疲労」のうち、どちらをより強く感じるのかという質問に対しては、肉体的な疲労を感じている人よりも、精神的な疲労を感じている人のほうが多いことがわかっています。

　この結果からは、日本の働き盛り世代は、仕事にプライベートにと忙しく、心身ともに疲れてしまっていることがわかります。

なお「最も疲れを感じるのは何ですか」という質問に対しては、次のような結果となりました。

・第1位：睡眠不足
・第2位：仕事のストレス
・第3位：労働
・第4位：PC・スマホの使いすぎ
・第5位：経済的不安
・第6位：運動不足
・第7位：職場の人間関係
・第8位：親のこと
・第9位：育児
・第10位：配偶者・パートナーのこと

　疲労が蓄積するほど、仕事の効率は下がり、ミスが起こりやすくなるだけでなく、気分も落ち込みます。気分が落ち込むと仕事のやる気が生まれづらくなり、またミスをする……。肉体の疲労もさることながら、精神の疲労も大きな問題です。

　疲れているという自覚があってもなくても、イメージトレーニングをうまく活用して精神をリフレッシュし、肉体の疲労も軽減しましょう。イメージトレーニングには大きなヒーリング効果があります。

　まず目を閉じ、ゆったりした気持ちで椅子に座ります。椅子に寄りかかり、足を床につけて手を膝の上に置きましょう。

準備ができたら、呼吸に意識を集中し、いつもよりゆっくり深い呼吸を7回繰り返します。口から吐いて、鼻から吸ってください。

　さあ、ゆっくり深く口から吐いて。
　鼻からゆっくり深く吸い込んで。
　口から深く吐いて。
　鼻から深く吸って。
　口から吐いて。
　鼻から吸って。
　口からゆっくり深く吐いて。
　もっと吐いて。
　はい、吸って。深く吸って。
　吐いて。吸って。
　口から深く吐きましょう。気持ちがとても落ち着きます。
　はい、吸って。リラックスがぐんと深まります。
　はい、吐いて。はい、吸って。とっても落ち着きました。

　それでは呼吸を普通に戻しましょう。
　眼球を45度上げて。そこから眼球をぐるっと回し、脳の内部を見るイメージをしてください。

　ここからはイメージの世界です。
　あなたは今、脳の内部を見つめています。
　そこから2つの川が流れ出し、鼻の後ろを通り、喉を通り、体内の老廃物がその川の流れとともに降りていくのを見ています。
　その川の水はエネルギーに溢れ、流れるにつれてあなたの細胞

を活性化し、エネルギーを与えていきます。

　さあ、ここからより鮮明にイメージしてください。

　川の流れは胸を通り、腹を通り、腰を通り、足を通って真っ黒になって、あなたの足の裏から流れ出していきます。

　川の水が次々と鼻の後ろの泉から流れ出して、老廃物を流し去り、細胞や粘膜を健康なピンク色に変えていきます。

　川の流れは絶えず泉から流れ落ち、老廃物を溶かして流れ、体中を通って足の裏から黒くなって流れ出します。

　その水の汚れが次第に少なくなって、あなたの足の裏から出る水が次第に澄んできます。それとともにあなたの体中の細胞はエネルギーに溢れ、とても健康なピンク色に輝きます。

　さあ、細胞が明るく輝くのをイメージしながら、そっと目を開きましょう。このイメージを1回5分、3セット、暇を見つけて実践してください。心身の疲れが軽減し、気持ち良く過ごせるようになっていくはずです。

↓
Point　**心身の疲労を軽減したいときにも**
　　　　イメージトレーニングが効果的。

　　　　体から汚れが出ていくイメージをしてみよう。

---

57 体をエネルギーで満たす 「気功瞑想」

　自律神経の働きを調節し、意識・神経活動の中枢をなす脳の部位「間脳」。脳幹の上部に位置しており、脳の司令塔とも言われています。

　ここでは、<u>自己暗示とイメージを使って間脳をコントロールする「気功瞑想」</u>という方法をお伝えします。

　まず、足を肩幅に開き、手のひらを地面と平行にして、まっすぐ立ってください。準備ができたら、体の中にある悪いエネルギーをすべて吐き出すイメージをしながら、息を吐きます。

　息を吐き終わったら、手のひらをゆっくりと上に返しながら、地のエネルギーが足の裏から入り、両足を伝わって昇ってくるイメージをします。これは、息を深く吸い込みながら行ってください。

　地のエネルギーが足の裏から腰まで昇ってきたら、いったん息を止め、肛門をぎゅっと締めます。

　続いて、昇ってきた地のエネルギーと体内のエネルギーが混ざり合って背骨を通りながら昇っていくイメージをしつつ、手を胸まで上げて、上に返します。

　息を吐きながらエネルギーが首から頭へと昇っていき、頭のてっぺんの「百会」というツボから抜けていくイメージをしながら手を上まで伸ばしてください。頭頂部までエネルギーが昇っ

てきたことを感じたら、そこで息を止めます。

　次に、両手で天のエネルギーを集める意識をしつつ、百会から光り輝くエネルギーが自分を満たしていくイメージをしてください。同時に、手をゆっくり降ろしていきます。

　光り輝くエネルギーがおへそまでやってきたら、そこで一度、息を止めてください。
　続いて、吐く息とともに体の中の悪いエネルギーが足を通って出ていくイメージをしながら、再び手を降ろしましょう。
　ここまでで、気功瞑想は完了です。

　気功瞑想は、朝夕３回ずつするのが理想的です。毎日続けると、体内に気のエネルギーが満ちてくるのがわかるはずです。

↓
Point　脳の司令塔と言われる「間脳」をコントロールし、体内を気のエネルギーで満たすには、朝夕3回ずつの「気功瞑想」を試してみよう。

58 今日から取り入れたい、右脳を開く健康習慣

　最後に、ぜひ取り入れていただきたい健康習慣を8種類紹介します。

①植物性たんぱく質を意識的に取る

　日本には「医食同源」という言葉があります。これは食べ物が健康の元という意味です。

　私はこの考えに賛成です。体にいいものを食べていれば、健康は自然に維持されるものだと思うからです。

　右脳を活性化させたいなら、食事にも気を配りましょう。特におすすめしたいのは、植物性たんぱく質を摂取すること。右脳にとっては、動物性たんぱく質よりも植物性たんぱく質のほうがいいからです。

　豆腐や納豆、豆乳といった豆類や、ブロッコリーやバナナなどの野菜・果物類を積極的に食べる他、場合によってはソイ（大豆）プロテインを取り入れて、植物性たんぱく質を効率的に摂取してください。

　たんぱく質は肌や髪をつくるものでもあるので、右脳を活性化させる他に、全体的に肌や髪にツヤが出て健康的に見えるという効果もあります。

　また、右脳を活性化させるという観点から、野菜や玄米の摂取もおすすめしています。あっさりした食事になるので、育ち盛り、

働き盛りの人にはつらいかもしれません。「0か100か」ではなく、時々玄米を取り入れたり、野菜を多めに食べるように心がけたりする程度でもかまいません。よく噛んで、空腹感を覚えにくくする工夫も必要でしょう。

現代人のかかる病気の多くが「血液の汚れに関係する病気」であることを考えると、血液をきれいにする植物性食品を摂取することは、健康維持に不可欠です。

きれいな血液は元気と健康の大本だと考えて、植物性食品を積極的に取り入れるように心がけてください。

② リラックスと深呼吸を大切にする

健康法は世間にあまたあり、それぞれ人によって合う・合わないがあるものです。ただし私の考えでは、リラックスと呼吸はすべての健康の源であり、どんな人にも一定の好影響を及ぼす健康法です。

体は、交感神経と副交感神経がバランス良く働いて、健康を保っています。適度の緊張（刺激）とリラックスのバランスが良くなければ、体調を崩してしまうのです。

そのバランスの中で最も大切なのが呼吸です。人は水や食料はなくても数日から数週間は生きられますが、ほんの数分間でも呼吸を止めると死んでしまいます。呼吸法に健康法の要があるのです。

たいていの人は普段、深い呼吸をする習慣がありませんが、深い呼吸は健康法の王道です。深い呼吸によって息を整えることは、

生命のリズムを整える最も大事な方法なのです。

　また、右脳を働かせるには、呼吸を整えることは絶対的な条件です。呼吸が浅く荒いと、脳波はβ波のままとなり、リラックスできません。
　一方で、心身ともにリラックスして脳波がα波状態になると、脳は右脳モードへとシフトします。
　このリラックス状態で「自分は健康である」と自己暗示すると、体のバランスが自然に整い、健康な体になるホルモンが大量に分泌されて、自然治癒の力が働き出します。

③睡眠を十分にとる

　今さら言うまでもないことだと思われるかもしれませんが、十分な睡眠は、健康維持に欠かせません。

　睡眠はもちろん、よく知られているように、体や心の健康をキープするためのものです。ただしそれ以上に、**睡眠は、脳を休め、充電するためのものでもあることを知ってください。呼吸が体に酸素を補給するためのもので、食事が体に栄養を補給するものであるなら、睡眠は脳にエネルギーを補給する行為です。**

　睡眠時間は、人によって個人差が大きいのも事実ですが、近年では、7時間程度が理想だと言われています。7時間眠るようにしていたとしても、日中に眠くなるようなら、もっと長く睡眠時間を確保するようにしてください。
　ちなみに私が知る限り、ショートスリーパーとして知られる人物としては、ナポレオンが有名でしょう。彼は1日にたった3時

間しか眠らなかったと言い伝えられていますが、これは誇張だと思います。また、発明王のエジソンの睡眠時間は4時間程度だったそうです。レオナルド・ダ・ヴィンチもショートスリーパーだったそうですが、500年も前の人物なので正確な数字はありません。

　逆にロングスリーパーとして有名なのは、20世紀最大の天才、アインシュタインでしょう。彼は1日9時間から10時間睡眠をとっていたともいいます。

　歴史に名を残す天才たちでも、睡眠時間は長短まちまちです。長く眠ればいいというわけでも、逆に睡眠時間を極限まで短くすればいいというわけでもありません。普通の人は十分な睡眠時間を確保することをおすすめします。

　睡眠を十分とる必要がある理由は、睡眠中は左脳が休んで右脳が活発に働いているためです。睡眠時間は、右脳が潜在意識にアクセスする大事な時間であり、情報を整理する時間でもあるのです。

④音楽の力を活用する

　心身ともにリラックスする方法として、音楽の活用をおすすめします。音楽のヒーリング効果は人の心と体を自然にリラックスさせ、頭の働きを右脳にシフトさせてくれます。

　特に近年、クラシック音楽のヒーリング効果が知られるようになってきました。既にお話ししましたが、クラシック音楽の中でもモーツァルトの音楽は特別のようです。フランスのトマティス医師は、モーツァルトの治療効果の素晴らしさを実証しています。

　トマティス医師は聴覚を患った音楽家などを治療した他、スランプに陥っていたオペラ界の大物、マリア・カラスを指導して立

ち直らせたとも言われています。

　モーツァルトの音楽は、人間以外にも効果があるようです。乳牛に聴かせたら普段よりも多くの良質な牛乳がとれたという話や、作物がよく育ったという話まであります。

　リラックスしたいときは、好きな音楽を流しましょう。これといった曲が思いつかないときには、モーツァルトを選んでください。心身ともにリラックスできるはずです。

⑤健康でいられることに心から感謝する

　私たちの健康は、体のすべての器官がバランス良く働くことによって保たれています。

　それなのに多くの人は、普段健康に過ごしているとき、その事実に気づくことはありません。自分や身の周りの人が病気や怪我をしたり、マスコミで事故などの報道を見聞きしたりして初めて、健康の有難みに気づくのです。

　病気にならないために大事なことは、普段からリラックスをしてストレス解消を心がけつつ、自分の体が元気で機能しているという事実に目を向け、心から感謝することです。そして「自分の体が何事もなく機能していることは当たり前ではない」と知り、その状態をキープしようと努力することです。

　感謝の心（右脳マインド）を忘れずにいれば、多少の不調やストレスは吹き飛ばせるでしょう。

　実際、感謝で重病を治した人のエピソードを紹介しましょう。

幕末の頃、岡山藩に黒住宗忠という神官がいました。宗忠は不治の病にかかり、絶体絶命のピンチのときに、自らの心の使い方が誤っていることに気付いたそうです。彼はその後、太陽を拝んで、自分が生かされていることを心から有難いと思うようになりました。

毎朝、早朝の太陽を拝み続けていると、半年後に思いがけないことが起こりました。お日さまの神気を、胸を開いて丸ごと呑み込もうとした瞬間、太陽のエネルギーのかたまりがドーンと体の中に入ったのです。宗忠はそのとき以来、病気が一切消えたばかりでなく、人の病気を治すヒーリングの能力まで身につけたのだと言われています。

常に感謝を忘れないようにしてください。あなたは1人で生きているのではありません。周りのすべてに生かされているのです。まずはその事実を認識し、心から感謝するようにしてください。朝起きたらまず、自分が今日も元気に生きていることに感謝しましょう。神仏に感謝をし、両親に感謝をし、太陽に感謝をし、周りのすべてに感謝します。

感謝の波動はとても清らかなものです。いつも感謝の気持ちで過ごしていると、あなたの波動は清められ、高められます。感謝の波動は愛の波動と同じで、人の心を癒やし、清めます。だから感謝の思いを抱くことで、心身ともに健康な状態に近づけるのです。

たいていの人はそのことを知らず、病気になったことを悔やみ、恨み、マイナスの気持ちで自分の心をいっぱいにします。不平、

不満は人の心を小さくし、あなたの波動を悪くして心身を病ませるものですから、そうしたネガティブな思いはすっかり捨ててしまいましょう。

　明るく感謝する心、人に対する愛の気持ちは、心の波動を清め、高め、あなたを健康にし、あなたをパワフルにします。その結果、あなたの持つ治癒力がますます高まり、心身ともに健康になれるのです。

⑥太陽視で生理機能を改善する

　光は体内の生理学的な調整役として重要な働きをしています。光は人間の栄養素であり、人間は生きている光電池だと言っていいでしょう。
　人体は、光を浴びることによって大きく変化する能力を持っています。光を取り入れて有効に利用する能力を、脳の深い部分に持っているのです。

　より健康に過ごしたいなら、太陽視を取り入れましょう。
　太陽視は人間のすべての生理機能を良くする働きがあります。人間の生理機能は、光によって最も良い状態に調整されるのです。

　ただし、太陽の直視はほんの一瞬でなければなりません。
　強い太陽光を長い間直視し続けると、逆に目を悪くしてしまいます。目を悪くしないよう、十分に注意して太陽視を行ってください。日中の強い太陽光線を直視することは、絶対に避けましょう。

⑦太陽瞑想法を取り入れる

　人の体内時計は、朝日とともに目覚めて夕日とともに休むという
リズムですが、現代人はこの自然のリズムと相反する時間を過
ごしています。コンビニなどの人工の光が人間に必要な夜の暗闇
を変えてしまいました。その結果、現代人は体調を大きく狂わせ
る環境に身を置かざるを得なくなったのです。

　こうした不自然な環境を「脳内環境」から修正していく知恵が、
朝日を浴びることです。**太陽の光は本来、人間の免疫系（人間が
本来持つ自然治癒力）を強化する能力を持っています。**ここでは、
太陽の光を活用した「太陽瞑想法」を紹介しましょう。

　まず、朝早い時間に太陽に向かって立ち、ほんの一瞬だけ太陽
を直視します。そしてすぐ目を閉じます。

　目を閉じたら手で目を覆い、光をブロックしてください。

　目に入った光は臍下丹田（下腹）まで流し入れ、目から入った
光のエネルギーが、喉、肩、胸、腹、丹田と全身を満たしながら
降りていくイメージをします。

　同時に、手の平の温もりをイメージで丹田まで流し入れましょ
う。丹田が光で満ちてきたら、その光が丹田から全身に発散し、
全身が光輝いているイメージをします。

　太陽瞑想法のポイントは、太陽のエネルギーが最も強い日の出
のタイミングで行うことです。

　日の出の太陽の光を一瞬だけ見ることで、あなたの脳内の松果
体が活性化します。松果体は光を見ることで、人体の生命のホル
モンバランスを整える重要な働きをしています。

　私は太陽瞑想法を、右脳を開くための重要なトレーニングに位

置付けています。**太陽瞑想法を実践することで、心身が爽快になり、1日の始まりがエネルギーに満ちたものとなります。**

　大事なことは、早朝に昇る大量の光を一瞬だけ見て、松果体を活性化させて生命力を高めることです。明日から早起きして実践してみましょう。

⑧ホルモンの働きを利用する

　人間の体が脳によってコントロールされていることは常識ですが、大脳の神経回路から出るインパルスが電気信号となって全身に情報を伝え、コントロールしているとされていることは、あまり知られていません。

　とはいえ、人間の体には60兆もの細胞がありますから、情報を全身に伝えるには、電気信号だけでは不十分だとも言われています。そうした前提のもと、完全に情報を伝えるには、内分泌系であるホルモンが重要な働きをしているとされています。

　そのホルモンの働きをコントロールしているのが、太陽瞑想法で触れた「松果体」なのです。**松果体は小指の先ほどの小さなものですが、実に大切な機能を担っています。**

　人体は、大脳の電気信号の情報とホルモンの情報という2つの情報でコントロールされていますが、このホルモンは、暗くなると活発に働き、明るくなると減少すると言われています。特に大事なホルモンであるメラトニンは松果体で作られます。また、もう1つの重要な働きをしているホルモンはセロトニンですが、こ

れは進化と深い関係があるとされています。

　この２つの重要なホルモンをコントロールしているのが松果体です。そしてセロトニンは、左脳の理性的な働きを抑え、右脳の働きを活性化させる機能を持っています。

　ですから、日ごろからストレス脳波であるβ波に浸かりきっている大人にとっては、瞑想でリラックスし、多くのセロトニンを分泌させて、さらに右脳を活性化することが健康法の極意だと言えるでしょう。
　また、セロトニンは、日光を浴びることと軽い運動をすることによっても分泌されます。太陽瞑想のために早起きした後は、軽く散歩をして、セロトニンを分泌することを習慣にしてみてはいかがでしょうか。

↓

Point　右脳を活性化させて心身ともに健康でいるには、
植物性たんぱく質を摂取することの他、
太陽瞑想によって自然治癒力を高めることが欠かせない。

おわりに

　最後までお読みいただき、ありがとうございました。
　右脳を活用し、潜在意識の力を引き出すトレーニングやワーク
をたくさん紹介してきました。気になるものはありましたか？

　最初は半信半疑かもしれませんが、気になるものがあれば、で
きれば毎日、それが難しいようなら２日に１回でも続けてみてく
ださい。脳の使い方が変わっていき、１週間もすれば自分の変化
に気づくでしょう。やがて周囲の人もあなたの変化に気づき、あ
なたを見る目が変わり、人生が劇的に変わっていくはずです。そ
してあなたの中の疑いがなくなると、ワークの効果は２倍にも３
倍にもなります。

　瞑想やワークのためのまとまった時間が取れない方は、まず次
のことを試していただけたらと思います。

　**まずは「失敗した自分」ではなく「成功した自分」を常にイメー
ジすること。**
「できなかったらどうしよう」「失敗してしまうかもしれない」
と心配すると、それは"不幸のリハーサル"になります。失敗す
るシーンを何度も頭の中でイメージしてしまうことで、それが現
実になってしまうのです。
　たとえば野球の試合において、監督が選手に「三振だけはする
なよ」と言うと、選手の頭の中には三振する自分が焼きついてし

まいます。そしてその結果、イメージの中だけでなく、バッターボックスでも三振することになります。

　次に、この応用編として「成功する自分」を視覚化すること。「昇進試験に合格した」「早期リタイアして南の国に移住した」などと文字で書き出してみたり、昇進した後の名刺を作ってみたり、南の国でビールを飲んでいる人の写真を用意したりして、いつも見える場所に置いてください。視覚化することで、より強いイメージとして脳にインプットすることができます。

　ここでのポイントは、否定語を使わないこと。「昇進試験で失敗しない」「定年まで働かない」ではなく「昇進試験に合格した」「早期リタイアして南の国に移住した」と、肯定語で、夢が叶ったイメージを自分の脳に植えつけてください。

　まずはどれかを試して、少しでも潜在意識の力を実感していただけたら、私にとってこれに勝る喜びはありません。

　小さな「できた」が積み重なると、自分自身への期待と信頼が積み重なっていきます。最初は低いステップかもしれませんが、それはやがてジャンプになり、最後はトランポリンのような大きな飛躍になるはずです。

2024 年 4 月吉日　七田 厚

参考文献

・七田眞『超右脳革命——人生が思いどおりになる成功法則』（1996）
　総合法令出版
・七田眞『右脳パワー新仕事革命 実践版——ビジネスシーンに応じた
　イメージトレーニング法を完全公開』（2002）ビジネス社
・七田眞『あなたの中の「天才」が目覚める！——七田式「波動＆右脳」
　開発法』（2003）経済界
・七田眞／加藤雄詞『魅力的な営業マンになる技術——モノを売るた
　めに絶対に必要なこと』（2004）総合法令出版
・七田眞『七田式右脳全開催眠法［実践編］』（2007）文芸社
・七田眞、七田厚（監修）『全脳力』（2010）サンマーク出版
・尾﨑里美／七田厚『夢を叶える——0.1秒で人は変われる！』（2016）
　しちだ・教育研究所
・七田眞、七田厚（監修）『夢を叶える人の人間学——七田 眞 成功の
　金言—』（2018）Wonder Note

＼本書をお読みの皆さま限定／

自己啓発情報誌『右脳開発』最新号をプレゼント！

※写真はイメージです

自己啓発情報誌『右脳開発』とは？

- ✓ 24 ページの誌面の中に、
  七田式能力開発の肝を掲載！
- ✓ 能力開発に臨むときの
  マインドセットのヒントが
  得られる！
- ✓ 1991 年より毎月刊行！

＼お申し込みはこちら／

https://form.run/@Unou-Present2404

※本特典の提供は、予告なく終了することがございます。
※ご不明な点がございましたら、下記までお問い合わせください。
　問い合わせ先：info@shichida.co.jp

七田 厚（しちだ・こう）

株式会社しちだ・教育研究所代表取締役、七田式主宰、教育研究家。
1963年、島根県生まれ。東京理科大学理学部数学科を卒業。七田式の創始者、七田眞の次男。七田式教室は、国内約230教室に加えて、世界16の国と地域に広がっている。著書に、『お父さんのための子育ての教科書』（ダイヤモンド社）、『できる子が育つ七田式親子あそび33』（徳間書店）、『夢を叶える右脳力──"七田式"大人になっても脳を成長させて「今の自分」を打破する方法』（サンライズパブリッシング）などがある。

いつも結果を出す人がやっている
「潜在意識」活用大全

2024年5月23日　第1刷発行

著者　七田 厚

発行者　寺田俊治

発行所　**株式会社 日刊現代**
　　　　東京都中央区新川1-3-17　新川三幸ビル
　　　　郵便番号　104-8007
　　　　電話　03-5244-9620

発売所　**株式会社 講談社**
　　　　東京都文京区音羽2-12-21
　　　　郵便番号　112-8001
　　　　電話　03-5395-3606

印刷所／製本所　**中央精版印刷株式会社**

表紙・本文デザイン　松崎理（yd）
カバー・本文イラスト　くにともゆかり
編集協力　ブランクエスト

定価はカバーに表示してあります。落丁本・乱丁本は、購入書店名を明記のうえ、日刊現代宛にお送りください。送料小社負担にてお取り替えいたします。なお、この本についてのお問い合わせは日刊現代宛にお願いいたします。本書のコピー、スキャン、デジタル化等の無断複製は著作権法上での例外を除き禁じられています。本書を代行業者等の第三者に依頼してスキャンやデジタル化することはたとえ個人や家庭内の利用でも著作権法違反です。

C0036
©Ko Shichida
2024. Printed in Japan
ISBN978-4-06-535974-7